2024
L'ANNÉE DE TOUTES LES MENACES

vues par la

CIA

2024
L'ANNÉE DE TOUTES LES MENACES

vues par la

CIA

Analyses, faits et chiffres

Préface d'Alain Frachon

ÉQUATEURS

Cet ouvrage est la traduction de l'article de William J. Burns, publié dans la revue *Foreign Affairs* en janvier 2024, du rapport *Annual Threat Assessment of the US Intelligence Community* 2024, de l'audition des responsables de la communauté du renseignement et de la CIA devant le Sénat et des faits et chiffres tirés de *The World Factbook* publié par la CIA.

Traduction de l'anglais (États-Unis) par Diane Robert.

ISBN : 978-2-3828-4719-0.

Dépôt légal : avril 2024.

170 *bis*, boulevard du Montparnasse, 75014 Paris.

contact@editionsdesequateurs.fr
www.editionsdesequateurs.fr

SOMMAIRE

PRÉFACE

Quel rapport entre Gaza et l'Ukraine ? Entre la guerre menée par l'armée israélienne dans ce bout de territoire palestinien qui jouxte l'extrême sud de l'État hébreu et celle de la Russie pour s'emparer de toute la bordure orientale de l'Ukraine ? En cette année 2024, le journal télévisé égrène chaque soir le nombre de Gazaouis tués dans l'offensive menée par Israël contre le Hamas, la branche islamiste du mouvement national palestinien. Une page de publicité, puis vient le tour du front ukrainien, cet alignement de tranchées encore enneigées où l'armée de Kiev résiste bravement à l'avancée russe dans les plaines du Donbass.

Les deux fronts concernés n'ont pas grand-chose à voir l'un avec l'autre. Ils restent très localisés : ils n'ont pas débordé – pour le moment – sur les pays voisins. Pour autant, ils ont une dimension plus globale, ils sont liés l'un à l'autre. Ils interagissent l'un sur l'autre. Dressant la liste des menaces qui pèsent sur les États-Unis en 2024 – comme elle le fait chaque année –, la CIA met en valeur ce qu'elle appelle « l'interconnexion du paysage sécuritaire ». Il y a globalisation ou régionalisation des périls comme il y a globalisation ou régionalisation des échanges économiques.

L'Ukraine et Gaza sont des guerres locales qui s'inscrivent dans un même contexte stratégique, sur un fond d'affrontement plus large : les événements au bord de la

Méditerranée orientale ne sont pas sans conséquence sur les rives de la mer Noire. L'industrie d'armement américaine soutient l'armée israélienne et les munitions qu'elle envoie au Proche-Orient peuvent manquer sur le front ukrainien. La guerre en Europe a fait bondir les prix de la farine et des hydrocarbures. Elle pénalise les pays déjà les plus déstabilisés par l'affrontement israélo-palestinien – Liban, Syrie, Égypte. Solidaire du Hamas, la milice houthie, qui contrôle les deux tiers du Yémen, lance drones et missiles sur le trafic maritime au sud de la mer Rouge – participant, elle aussi, au chaos régional.

Mais il y a plus encore, pointe la CIA dans son « évaluation annuelle des menaces ». Deux grands pôles de puissance sont face à face : le camp occidental d'une part, et, de l'autre, le couple Chine-Russie, lié par un pacte « d'amitié sans limite ». Même infidèle à ses valeurs, le premier entend préserver, autant que faire se peut, l'ordre international tel qu'il a été mis sur pied en 1945. Les seconds, Moscou et Pékin, veulent « réviser » ces normes et en imposer d'autres qui leur soient plus favorables.

Sur ce front politico-idéologique, la CIA observe une « intensification de la concurrence mondiale ». Occidentaux et puissances « révisionnistes » se livrent une guerre d'influence auprès des pays dits du Sud global – Afrique, Asie, Amérique latine. Elle se joue à coups d'images qui, le plus souvent, gomment la singularité des situations. L'Amérique est dénoncée pour l'appui, militaire et politique, apporté à Israël après les massacres du 7 octobre. Et elle voit son crédit diminué d'autant quand elle veut mobiliser contre l'agression russe en Ukraine. Le profil pris par le champ de bataille moyen-oriental – la destruction d'une partie de la bande de Gaza – mine l'appel à la stigmatisation des bombardements russes sur les villes ukrainiennes. À tort ou à raison, la cause de Kiev est étouffée par le fracas des bombes qui s'abattent sur les Palestiniens. « Interconnexion du paysage sécuritaire », disent les analystes de la CIA.

Au nom du « traité d'amitié sans limite » conclu entre eux, le 4 février 2022, Xi Jinping protège Vladimir Poutine sur la scène diplomatique. Pékin ne condamne pas Moscou à l'ONU. La Chine aide les Russes à contourner les sanctions en leur livrant des composants d'armes auxquels ils n'ont plus accès.

Chinois et Russes veulent la même chose, une « révision » de l'ordre international. Elle porte sur plusieurs points. En tant que grandes puissances, la Chine et la Russie entendent disposer d'une zone d'influence au-delà de leurs frontières. Les pays membres de cet « étranger proche » ne doivent pas disposer d'une pleine souveraineté. Ils ne devraient pas être autorisés à nouer des partenariats de défense avec les États-Unis : ce type d'alliance, comme le Pacte atlantique, est considéré comme une relique de la guerre froide.

Pour les « révisionnistes », la Déclaration universelle des droits de l'homme et la Charte de l'ONU, les deux piliers de soutènement de l'ordre international post-1945, ne devraient pas être interprétées comme délégitimant l'autocratie politique. Les pays sont libres du choix de leur régime politique, disent les « révisionnistes ». Les droits de l'homme tels que les Occidentaux les conçoivent sont affaire de culture – non une vérité universelle. Strictement domestique, cette question ne doit pas intervenir dans les relations entre États.

La bataille entre le camp occidental et les deux grandes puissances « révisionnistes » charpente la vie internationale. Quand la CIA parle, dans ce rapport, d'une scène internationale « fragile et conflictuelle », c'est cette toile de fond idéologique qu'elle évoque. Le portrait qu'elle dresse des « menaces » qui pèsent sur les États-Unis et leurs alliés doit se lire à l'aune de ce différend fondamental. La Chine teste la résistance occidentale dans le Pacifique ouest, qu'elle considère comme partie de sa zone d'influence ; la Russie défie le camp occidental en Ukraine, qu'elle n'imagine qu'inféodée à Moscou.

Les puissances « révisionnistes » ont deux acolytes très actifs : la République islamique d'Iran et la Corée du Nord – une théocratie à tendance dictatoriale au programme nucléaire inquiétant et une tyrannie dynastique disposant maintenant d'un arsenal nucléaire stratégique. Téhéran et Pyongyang aident substantiellement la Russie dans sa guerre contre l'Ukraine en fournissant au Kremlin drones, missiles et obus. L'Iran a développé des plateformes de soutien dans le monde arabe sous forme de milices qu'elle équipe et qui sont l'instrument d'une politique de prépondérance régionale poursuivie avec détermination.

Dans un arc de cercle couvrant une partie de la péninsule arabique, ces partis-milices locaux sont au service de l'Iran. Ils disposent d'un arsenal de missiles iraniens et de centaines de milliers d'hommes en armes : Hezbollah au Liban et en Syrie, « milices du peuple » en Irak, houthies au Yémen, enfin le Hamas dans les territoires palestiniens de Cisjordanie et de Gaza. L'ensemble, parrain iranien et filleuls arabes, s'autoproclame « axe de la résistance », appelle à la lutte contre Israël et entend libérer la région de l'influence américaine.

« Interconnexion du paysage sécuritaire » encore : Téhéran est présent sur le front ukrainien comme fournisseur d'armes de la Russie et présent dans le monde arabe et, notamment, à Gaza, en tant que puissance d'appui du Hamas. Mais le tableau doit être nuancé. La République islamique, juge la CIA, n'était pas au courant de l'attaque du 7 octobre – 1 200 morts dans un raid du Hamas contre des localités du sud d'Israël. Et si l'Iran a clamé son soutien rhétorique aux islamistes palestiniens, il ne souhaite aucunement un affrontement direct ni avec Tsahal ni avec les États-Unis.

Dans ce paysage de blocs de puissances en conflit, la centrale de renseignement américaine se refuse à dresser des frontières inamovibles d'un camp à l'autre. Chinois et Russes préservent leurs relations avec Israël. L'amitié sino-russe n'empêche pas Pékin d'avoir repris un dialogue institutionnel avec Washington.

En revanche, les relations sont plus radicalement conflictuelles entre Américains et Russes. Si la CIA estime que la Russie « ne veut pas d'un conflit militaire direct avec les forces des États-Unis et de l'OTAN », elle ne voit pas Moscou négocier quoi que ce soit sur ses conquêtes ukrainiennes – annexion de la Crimée et d'une partie du Donbass. Sur l'état d'esprit de Poutine, le rapport des services de renseignements écrit : « Le président [russe] pense probablement que la Russie a émoussé les efforts de l'Ukraine pour reprendre une part importante des territoires [annexés par Moscou], que son approche pour gagner la guerre est payante et que le soutien de l'Occident et des États-Unis à l'Ukraine est limité, en particulier à la lumière de la guerre entre Israël et le Hamas. »

Reconstituée, renforcée, l'armée d'occupation russe en Ukraine a résisté à l'offensive des forces de Kiev l'an passé. Ce sont ces dernières qui sont aujourd'hui sur la défensive le long d'un front de près de 1 000 kilomètres où les deux parties bétonnent leurs arrières. Dans la conjoncture militaire actuelle, cette « impasse », poursuit la CIA, « fait de plus en plus pencher la balance en faveur de Moscou », plus à même que Kiev « de soutenir une longue guerre, de haute intensité si nécessaire » et « de profiter des incertitudes quant à l'avenir de l'aide militaire occidentale ».

Au fil des mois et des sanctions occidentales, la Russie s'est transformée. Privée de ses acheteurs européens – enfin, pas tout à fait –, elle est devenue le premier fournisseur d'hydrocarbures de la Chine. Elle vend moins cher son gaz et son pétrole, certes, mais elle les vend tout de même. L'Inde et la Chine en profitent. Simultanément, la Chine est devenue le premier exportateur de biens de consommation en Russie. Les échanges commerciaux sino-russes dépassent les 220 milliards de dollars – par comparaison, le commerce extérieur entre les États-Unis et la

Chine représente, en volume annuel, un peu moins de 400 milliards de dollars.

Pékin module son soutien à Moscou de façon à «préserver ses intérêts économiques» et, notamment, ses échanges avec les Occidentaux, observe la CIA. La puissance économique, technologique, scientifique et militaire de l'Empire du Milieu suscite le respect: «La Chine a la capacité de concurrencer directement les États-Unis et leurs alliés et de modifier l'ordre mondial.»

La rivalité avec l'Amérique est l'obsession stratégique qui guide les orientations militaires de Pékin. Son arsenal nucléaire doit être en mesure de dissuader les États-Unis. Il progresse année après année: «La Chine a probablement achevé la construction de plus de trois cents nouveaux silos de missiles balistiques intercontinentaux.» Elle sait qu'elle est encore loin de la parité avec les États-Unis dans le domaine nucléaire et, pour l'heure, refuse toute perspective de négociation sur le sujet.

Incidemment, cette dernière caractéristique est l'une des marques de l'époque: il n'y a plus de dialogue sur le nucléaire entre grandes puissances – tous les forums de désarmement russo-américains ont été abandonnés. Ce qui laisse d'autant plus de liberté aux «clandestins» du nucléaire, ceux qui ne sont pas, ou plus, signataires du Traité de non-prolifération. C'est particulièrement le cas de la Corée du Nord qui affine à plaisir son arsenal de missiles et de têtes nucléaires. Rien ne semble plus réjouir et épanouir son grand «leader», Kim Jong-un, que le tir d'un engin balistique au-dessus de ses voisins.

Le troisième mandat quinquennal de Xi Jinping est placé sous le signe de la priorité non pas à la croissance mais à la sécurité. À l'intérieur, cela veut dire un contrôle accru du Parti communiste chinois (PCC) sur la société civile. À l'extérieur, cela suppose la poursuite d'une politique d'affirmation agressive de la Chine dans le Pacifique occidental et dans le cyberespace, doublée, dans toutes les enceintes internationales, d'une pression accrue pour contrecarrer l'influence occidentale.

En économie, l'accent est mis non sur l'augmentation de la consommation intérieure mais sur une politique industrielle destinée à muscler des secteurs clés de la haute technologie : robotique, informatique quantique, intelligence artificielle, énergies du futur... Autant de technologies duales, à usage civil et militaire, dans lesquelles la Chine veut être autonome et qui assureront son leadership mondial face aux États-Unis.

La CIA doute que le PCC puisse y arriver rapidement tant l'économie chinoise est, par ailleurs, lestée de gros problèmes structurels – vieillissement de la population, crise majeure du secteur immobilier, dettes massives des régions, sous-investissement étranger, crise de confiance du secteur privé, entre autres.

Ce n'est pas forcément rassurant, juge la CIA qui parle d'une « Chine ambitieuse mais anxieuse ». Or, dans les moments de fragilité intérieure, la tentation de l'aventure extérieure est grande et, en l'espèce, elle a un nom : Taïwan – l'île chinoise autonome, que Pékin entend ramener dans le giron du PCC. Là encore, l'évolution du front ukrainien pourra peser dans la décision de Pékin d'user ou non de la force pour s'emparer de Taïwan. C'est ce que l'on appelle « l'interconnexion du paysage sécuritaire ».

Alain Frachon.

PREMIÈRE PARTIE

ESPIONNAGE ET DIPLOMATIE

Transformer la CIA à l'ère de la concurrence

Par William J. Burns, directeur de la CIA

DEPUIS que les pays gardent des secrets les uns pour les autres, ils essaient de se les voler. L'espionnage a été et restera une partie intégrante de l'art de gouverner, même si ses techniques ne cessent d'évoluer. Les premiers espions américains ont passé la guerre d'Indépendance à utiliser des codes, des réseaux de messagerie clandestins et de l'encre invisible pour correspondre entre eux et avec leurs alliés étrangers. Au cours de la Seconde Guerre mondiale, le domaine émergent du renseignement d'origine électromagnétique a permis de découvrir les plans de guerre japonais. Au début de la guerre froide, les capacités de renseignement des États-Unis sont littéralement montées dans la stratosphère, avec l'avènement de l'U-2 et d'autres avions espions de haute altitude qui pouvaient photographier les installations militaires soviétiques avec une clarté impressionnante.

Les simples étoiles gravées sur le mur commémoratif du siège de la CIA à Langley, en Virginie, rendent hommage aux 140 agents de l'agence qui ont donné leur vie au service de leur pays. Ce mémorial rappelle à jamais d'innombrables actes de courage. Pourtant, ces actes d'héroïsme et les nombreux succès discrets de la CIA restent bien moins connus du public américain que les erreurs qui ont parfois entaché l'histoire de l'agence. Le test déterminant pour le renseignement a toujours été d'anticiper et d'aider les décideurs politiques à faire face à de profonds changements dans le paysage international – des moments cruciaux qui n'arrivent que quelques fois par siècle.

Comme l'a rappelé le président Joe Biden, les États-Unis sont aujourd'hui confrontés à l'un de ces moments rares, aussi important que l'aube de la guerre froide ou l'après-11 Septembre. La montée en puissance de la Chine et le revanchisme de la Russie posent des défis géopolitiques redoutables dans un monde de concurrence stratégique intense, où les États-Unis ne jouissent plus d'une primauté incontestée et où les menaces climatiques existentielles se multiplient. Une révolution technologique encore plus radicale que la révolution industrielle ou le début de l'ère nucléaire complique d'autant plus le paysage. Des micropuces à l'intelligence artificielle en passant par l'informatique quantique, les technologies émergentes transforment le monde, y compris le renseignement. À bien des égards, ces évolutions rendent la tâche de la CIA plus difficile que jamais, en donnant aux adversaires de nouveaux outils puissants pour nous confondre, nous échapper et nous espionner.

Pourtant, même si le monde change, l'espionnage reste une interaction entre l'homme et la technologie. Il y aura toujours des secrets que seuls les humains peuvent collecter et des opérations clandestines que seuls les humains peuvent mener. Les progrès technologiques, en particulier dans le domaine du renseignement d'origine électromagnétique, n'ont pas rendu ces opérations humaines inutiles, comme certains l'avaient prédit, mais ont au contraire révolutionné leur pratique. Pour être un service de renseignement efficace au XXIe siècle, la CIA doit associer la maîtrise des technologies émergentes aux compétences interpersonnelles et à l'audace individuelle qui ont toujours été au cœur de notre profession. Cela signifie qu'il faut doter les agents d'opérations des outils et de l'expertise nécessaires pour mener des activités d'espionnage dans un monde de surveillance technologique constante, et équiper les analystes de modèles d'intelligence artificielle sophistiqués capables d'assimiler des quantités considérables d'informations provenant de sources ouvertes et clandestines, afin qu'ils puissent porter les meilleurs jugements humains possibles.

Parallèlement, la façon dont la CIA traite les renseignements recueillis évolue également. La « déclassification stratégique », c'est-à-dire la divulgation intentionnelle de certains secrets pour affaiblir les rivaux et rallier les alliés, est devenue un outil encore plus puissant pour les décideurs politiques. L'utiliser ne signifie pas mettre en péril les sources ou les méthodes employées pour collecter les renseignements, mais cela signifie résister judicieusement à l'envie de tout garder secret. La communauté du renseignement américaine découvre également la valeur croissante de la diplomatie du renseignement, en acquérant une nouvelle compréhension de la manière dont ses efforts pour soutenir les alliés et contrer les ennemis peuvent aider les décideurs politiques.

La CIA et l'ensemble de la profession du renseignement sont confrontés à des défis historiques, les changements géopolitiques et technologiques constituant un test d'une ampleur inégalée. La réussite dépendra d'une combinaison créative du renseignement humain traditionnel et des technologies émergentes. En d'autres termes, il faudra s'adapter à un monde où la seule prédiction sûre concernant le changement est qu'il continuera de s'accélérer.

POUTINE SANS LIMITE

L'ère de l'après-guerre froide a définitivement pris fin au moment où la Russie a envahi l'Ukraine en février 2022. J'ai passé une grande partie des deux dernières décennies à essayer de comprendre la combinaison explosive de griefs, d'ambition et d'insécurité qu'incarne le président russe

Vladimir Poutine. Une chose que j'ai apprise, c'est que c'est toujours une erreur de sous-estimer sa fixation sur le contrôle de l'Ukraine et de ses choix. Sans ce contrôle, il pense qu'il est impossible pour la Russie d'être une grande puissance ou pour lui d'être un grand dirigeant russe. Cette fixation tragique et brutale a déjà fait honte à la Russie et révélé ses faiblesses, qu'il s'agisse de son économie unidimensionnelle, de ses prouesses militaires exagérées ou de son système politique corrompu. L'invasion de Poutine a également suscité une détermination et une volonté époustouflantes de la part du peuple ukrainien. J'ai pu constater leur courage *de visu* lors de mes fréquents voyages en Ukraine en temps de guerre, ponctués de raids aériens russes et d'images saisissantes de la ténacité et de l'ingéniosité des Ukrainiens sur le champ de bataille.

La guerre de Poutine a déjà été un échec pour la Russie à bien des égards. Son objectif initial, qui était de s'emparer de Kiev et de soumettre l'Ukraine, s'est avéré stupide et illusoire. Son armée a subi d'immenses dégâts. Au moins 315 000 soldats russes ont été tués ou blessés, les deux tiers des chars russes d'avant-guerre ont été détruits et le programme de modernisation militaire de Poutine, vanté depuis des décennies, a été vidé de sa substance. Tout cela est le résultat direct de la bravoure et des compétences des soldats ukrainiens, soutenus par l'Occident. Pendant ce temps, l'économie russe subit des revers à long terme et le pays scelle son destin en tant que vassal économique de la Chine. Les ambitions démesurées de Poutine se sont également retournées contre lui d'une autre manière : elles ont incité l'OTAN à s'élargir et à se renforcer.

Bien que l'emprise répressive de Poutine ne semble pas devoir faiblir de sitôt, sa guerre en Ukraine corrode discrètement son pouvoir à l'intérieur du pays. L'éphémère mutinerie lancée en juin dernier par le chef mercenaire Evgueni Prigojine a donné un aperçu de certains des dysfonctionnements qui se cachent derrière l'image de contrôle soigneusement polie de Poutine. Pour un dirigeant qui s'est laborieusement forgé une réputation d'arbitre de l'ordre, Poutine a semblé détaché et indécis alors que les mutins de Prigojine remontaient la route vers Moscou. Pour de nombreux membres de l'élite russe, la question n'était pas tant de savoir si l'empereur n'avait pas de vêtements que de savoir pourquoi il mettait tant de temps à s'habiller. Apôtre ultime de la vengeance, Poutine a fini par régler ses comptes avec Prigojine, qui a été tué dans un accident d'avion suspect deux mois jour pour jour après avoir entamé sa rébellion. Mais la critique mordante de Prigojine sur les mensonges et les erreurs d'appréciation militaires au cœur de la guerre de Poutine, et sur la corruption au cœur du système politique russe, n'est pas près de disparaître.

Cette année sera probablement difficile sur le champ de bataille en Ukraine, un test de résistance dont les conséquences iront bien au-delà de la lutte héroïque du pays pour maintenir sa liberté et son indépendance. Alors que Poutine régénère la production de défense de la Russie – avec des composants essentiels en provenance de Chine, ainsi que des armes et des munitions en provenance d'Iran et de Corée du Nord –, il continue de parier que le temps joue en sa faveur, qu'il peut broyer l'Ukraine et user ses partisans occidentaux. Le défi de l'Ukraine est de briser l'arrogance de Poutine et de démontrer le coût élevé pour la Russie de la poursuite du conflit, non seulement en progressant sur les lignes de front, mais aussi en lançant des frappes plus profondes à l'arrière et en réalisant des gains réguliers en mer Noire. Dans ce contexte, Poutine pourrait à nouveau s'engager dans des tentatives d'intimidation nucléaires, et il serait stupide d'écarter totalement les risques d'escalade. Mais il serait tout aussi stupide de se laisser inutilement intimider par ces risques.

La clé du succès réside dans le maintien de l'aide occidentale à l'Ukraine. Avec moins de 5 % du budget de la défense des États-Unis, il s'agit d'un investissement relativement modeste qui a des retombées géopolitiques importantes pour les États-Unis et des retombées notables pour l'industrie américaine. Le maintien du flux d'armes placera l'Ukraine dans une position plus forte si une opportunité de négociations sérieuses se présente. L'Ukraine pourrait ainsi sauvegarder sa souveraineté et se reconstruire, tandis que la Russie devrait faire face aux coûts durables de la folie de Poutine. Pour les États-Unis, se retirer du conflit à ce moment crucial et couper le soutien à l'Ukraine serait une balle dans le pied aux proportions historiques.

LE JEU DE POUVOIR DE XI

Personne n'observe plus attentivement le soutien des États-Unis à l'Ukraine que les dirigeants chinois. La Chine reste le seul rival des États-Unis à avoir à la fois l'intention de remodeler l'ordre international et la puissance économique, diplomatique, militaire et technologique pour le faire. La transformation économique du pays au cours des cinq dernières décennies a été extraordinaire. Le peuple chinois mérite d'en être remercié et le reste du monde l'a largement soutenu, convaincu qu'une Chine prospère est un bien mondial. Le problème n'est pas la montée en puissance de la Chine en elle-même, mais les actions menaçantes qui l'accompagnent de plus en plus. Le dirigeant chinois, Xi Jinping, a entamé son troisième mandat présidentiel avec plus de pouvoir que n'importe lequel de ses prédécesseurs depuis Mao Zedong. Au lieu d'utiliser ce pouvoir pour renforcer et revitaliser le système international qui a permis la transformation de la Chine, Xi cherche à le réécrire. Dans la profession du renseignement, nous étudions attentivement ce que disent les dirigeants. Mais nous accordons encore plus d'attention à ce qu'ils font. Il est impossible d'ignorer la répression croissante de Xi à l'intérieur du pays et son agressivité à l'étranger, qu'il s'agisse de son partenariat « sans limites » avec Poutine ou des menaces qu'il fait peser sur la paix et la stabilité dans le détroit de Taïwan.

Il en va de même pour l'impact de la solidarité occidentale sur le calcul de Xi concernant les risques de recours à la force contre Taïwan, qui a élu un nouveau président, Lai Ching-te, en janvier. Pour Xi, qui a tendance à considérer les États-Unis comme une puissance en déclin, le leadership américain sur l'Ukraine a certainement été une surprise. La volonté des États-Unis d'infliger et d'absorber la souffrance économique pour contrer l'agression de Poutine – et leur capacité à rallier leurs alliés pour qu'ils fassent de même – ont puissamment contredit la croyance de Pékin selon laquelle l'Amérique était en phase terminale de déclin. Plus près des côtes chinoises, la résilience du réseau américain d'alliés et de partenaires dans l'Indo-Pacifique a eu un effet dégrisant sur la pensée de Pékin. L'un des moyens les plus sûrs de raviver les perceptions chinoises de l'inaction américaine et d'attiser l'agressivité chinoise serait d'abandonner le soutien à l'Ukraine. Le maintien du soutien matériel à l'Ukraine ne se fait pas au détriment de Taïwan ; il envoie un message important sur la détermination des États-Unis, ce qui de ce fait aide Taïwan.

La concurrence avec la Chine s'inscrit dans un contexte d'interdépendance économique et de liens commerciaux étroits entre ce pays et les États-Unis. Ces liens ont remarquablement servi les deux pays et le reste du monde, mais ils ont également créé des vulnérabilités critiques et des risques sérieux pour la sécurité et la prospérité des États-Unis. La pandémie du virus Covid-19 a fait comprendre à tous les gouvernements le danger de dépendre d'un seul pays pour des fournitures médicales vitales, tout comme la guerre de la Russie en Ukraine a fait comprendre à l'Europe les risques de dépendre d'un seul pays pour l'énergie. Dans le monde d'aujourd'hui, aucun pays ne veut se retrouver à la merci d'un seul fournisseur de minéraux et de technologies critiques, surtout si ce fournisseur a l'intention d'utiliser ces dépendances à des fins militaires. Comme l'ont affirmé les responsables politiques américains, la meilleure réponse consiste à «réduire les risques» et à se diversifier, en sécurisant les chaînes d'approvisionnement des États-Unis, en protégeant leur avance technologique et en investissant dans leur capacité industrielle.

Dans ce monde instable et divisé, le poids d'un «juste milieu prudent» s'accroît. Les démocraties et les autocraties, les économies développées et celles en développement, ainsi que les pays du Sud, sont de plus en plus désireux de diversifier leurs relations afin de maximiser leurs options. Ils voient peu d'avantages et beaucoup de risques à s'en tenir à des relations géopolitiques monogames avec les États-Unis ou la Chine. Davantage de pays sont susceptibles d'être attirés par un statut de relations géopolitiques «ouvertes» (ou du moins du style «c'est compliqué»), en suivant l'exemple des États-Unis sur certaines questions tout en cultivant des relations avec la Chine. Et si le passé est un précédent, Washington devrait être attentif aux rivalités entre les puissances moyennes, de plus en plus nombreuses, qui ont historiquement contribué à déclencher des collisions entre les grandes puissances.

UN ENCHEVÊTREMENT FAMILIER

La crise précipitée par la boucherie du Hamas en Israël le 7 octobre 2023 est un rappel douloureux de la complexité des choix que le Moyen-Orient continue de poser aux États-Unis. La concurrence avec la Chine restera la priorité absolue de Washington, mais cela ne signifie pas qu'elle peut se soustraire à d'autres défis. Cela signifie seulement que les États-Unis doivent naviguer avec prudence et discipline, éviter les excès et utiliser leur influence à bon escient.

J'ai passé la majeure partie des quatre dernières décennies à travailler sur et au Moyen-Orient, et je l'ai rarement vu aussi enchevêtré et explosif. Mettre fin à l'intense opération terrestre israélienne dans la bande de Gaza, répondre aux besoins humanitaires profonds des civils palestiniens qui souffrent, libérer les otages, empêcher la propagation du conflit à d'autres fronts dans la région et élaborer une approche réalisable pour le «jour d'après» à Gaza sont autant de problèmes incroyablement difficiles à résoudre. Il en va de même pour ressusciter l'espoir d'une paix durable qui garantisse la sécurité d'Israël ainsi que la souveraineté de la Palestine et qui tire parti des possibilités historiques de normalisation avec l'Arabie saoudite et d'autres pays arabes. S'il est difficile d'imaginer ces possibilités dans le contexte de la crise actuelle, il est encore plus difficile d'imaginer que l'on puisse sortir de la crise sans s'y atteler sérieusement.

La sécurité d'Israël et de la région passe par la question iranienne. L'Iran a été enhardi par la crise et semble prêt à se battre pour ses affiliés, tout en développant son programme nucléaire et en permettant l'agression russe. Dans les mois qui ont suivi le 7 octobre, les Houthis, le groupe rebelle yéménite allié à l'Iran, ont commencé à attaquer des navires commerciaux dans la mer Rouge, et les risques d'escalade sur d'autres fronts persistent.

Les États-Unis ne sont pas les seuls responsables de la résolution de l'un ou l'autre des problèmes du Moyen-Orient. Mais aucun d'entre eux ne peut être géré, et encore moins résolu, sans le leadership actif des États-Unis.

ESPIONS COMME NOUS

La concurrence et l'incertitude géopolitiques – sans parler des défis communs tels que le changement climatique et les avancées technologiques sans précédent comme l'intelligence artificielle – créent un paysage international d'une complexité diabolique. La CIA doit impérativement transformer son approche du renseignement pour suivre le rythme de ce monde en pleine mutation. La CIA et le reste de la communauté américaine du renseignement, sous la direction d'Avril Haines, directrice du renseignement national, travaillent d'arrache-pied pour faire face à ce moment avec l'urgence et la créativité qu'il requiert.

Ce nouveau paysage présente des défis particuliers pour une organisation axée sur le renseignement humain. Dans un monde où les principaux rivaux des États-Unis – la Chine et la Russie – sont dirigés par des autocrates personnalistes qui opèrent au sein de cercles de conseillers restreints et insulaires, il est à la fois plus important et plus difficile que jamais de comprendre les intentions des dirigeants.

Tout comme le 11 Septembre a marqué le début d'une nouvelle ère pour la CIA, l'invasion de l'Ukraine par la Russie en a fait de même. Je suis très fier du travail accompli par la CIA et ses partenaires en matière de renseignement pour aider le président et les hauts responsables politiques américains – et surtout les Ukrainiens eux-mêmes – à contrecarrer Poutine. Ensemble, nous avons donné un avertissement précoce et précis de l'invasion à venir. Cette connaissance a également permis au président de décider de m'envoyer à Moscou pour mettre en garde Poutine et ses conseillers en novembre 2021 contre les conséquences de l'attaque que nous savions qu'ils préparaient. Convaincus que leur fenêtre de domination sur l'Ukraine se refermait et que l'hiver à venir leur offrait une opportunité favorable, ils sont restés impassibles et n'ont pas hésité à surestimer leur propre position et à sous-estimer la résistance ukrainienne et la détermination de l'Occident.

Depuis, les bons renseignements ont aidé le président à mobiliser et à soutenir une forte coalition de pays en faveur de l'Ukraine. Ils ont également aidé l'Ukraine à se défendre avec une bravoure et une persévérance remarquables. Le président a également fait un usage créatif de la déclassification stratégique. Avant l'invasion, l'administration, en collaboration avec le gouvernement britannique, a dévoilé les plans russes d'opérations sous fausse bannière destinées à rejeter la faute sur les Ukrainiens et à fournir un prétexte à l'action militaire russe. Ces révélations et celles qui ont suivi ont privé Poutine des faux récits que je l'ai vu si souvent utiliser comme arme dans le passé. Elles l'ont placé dans la position inconfortable et inhabituelle d'être sur la défensive. Et elles ont renforcé à la fois l'Ukraine et la coalition qui la soutient.

Pendant ce temps, le mécontentement à l'égard de la guerre continue de ronger les dirigeants et le peuple russes, sous la surface épaisse de la propagande et de la répression de l'État. Ce mécontentement sous-jacent crée une opportunité de recrutement unique pour la CIA. Nous ne la laisserons pas se perdre.

Si la Russie représente le défi le plus immédiat, la Chine est la plus grande menace à long terme et, au cours des deux dernières années, la CIA s'est réorganisée pour refléter cette priorité. Nous avons commencé par reconnaître un fait organisationnel que j'ai appris il y a longtemps : les priorités ne sont réelles que si les budgets les reflètent. En conséquence, la CIA a consacré beaucoup plus de ressources à la collecte, aux opérations et à l'analyse de renseignements liés à la Chine dans le monde entier – le pourcentage de notre budget global consacré à la Chine a plus que doublé au cours des deux dernières années. Nous recrutons et formons davantage de personnes parlant le mandarin, tout en intensifiant nos efforts dans le monde entier pour concurrencer la Chine, de l'Amérique latine à l'Afrique en passant par l'Indo-Pacifique.

La CIA dispose d'une douzaine de « centres de mission », des groupes spécialisés qui rassemblent des agents des différentes directions de l'agence. En 2021, nous avons créé un nouveau centre de mission axé exclusivement sur la

Chine. Seul centre de mission consacré à un seul pays, il constitue un mécanisme central de coordination du travail sur la Chine, un travail qui s'étend aujourd'hui à tous les services de la CIA. Nous renforçons aussi discrètement les canaux de renseignement avec nos homologues à Pékin, un moyen important d'aider les décideurs politiques à éviter les malentendus inutiles et les collisions involontaires entre les États-Unis et la Chine.

Même si la Chine et la Russie accaparent une grande partie de l'attention de la CIA, l'agence ne peut se permettre de négliger d'autres défis, de la lutte contre le terrorisme à l'instabilité régionale. La réussite de l'opération menée par les États-Unis en Afghanistan en juillet 2022 contre Ayman al-Zawahiri, cofondateur et ancien dirigeant d'Al-Qaïda, a montré que la CIA reste très attentive aux menaces terroristes et qu'elle dispose de moyens importants pour les combattre. La CIA consacre également des ressources importantes à la lutte contre l'invasion du fentanyl, l'opioïde synthétique qui tue des dizaines de milliers d'Américains chaque année. Des défis régionaux familiers se profilent, non seulement dans des endroits considérés depuis longtemps comme stratégiquement importants, tels que la Corée du Nord et la mer de Chine méridionale, mais aussi dans des régions du monde dont l'importance géopolitique ne fera que croître dans les années à venir, telles que l'Amérique latine et l'Afrique.

DES ESPIONS PLUS INTELLIGENTS

Dans le même temps, nous transformons notre approche des technologies émergentes. La CIA s'efforce de combiner des outils de haute technologie avec des techniques ancestrales de collecte de renseignements auprès d'individus – le renseignement humain, ou HUMINT. Bien entendu, la technologie rend de nombreux aspects de l'espionnage plus difficiles que jamais. À l'ère des villes intelligentes, avec des caméras vidéo dans chaque rue et une technologie de reconnaissance faciale de plus en plus omniprésente, l'espionnage est devenu beaucoup plus difficile. Pour un agent de la CIA travaillant à l'étranger dans un pays hostile et rencontrant des sources qui risquent leur propre sécurité pour fournir des informations précieuses, la surveillance constante représente une menace aiguë. Mais la technologie qui joue parfois contre la CIA peut également être mise au service de la CIA et au service d'autres acteurs – qu'il s'agisse de l'exploitation de données massives (*big data*) pour mettre en évidence des schémas dans les activités de l'agence ou de réseaux de caméras massifs qui peuvent suivre les moindres mouvements d'un agent. La CIA fait la course contre ses rivaux pour mettre en œuvre les technologies émergentes. Elle a nommé son premier directeur de la technologie. Elle a également créé un nouveau centre de mission chargé d'établir de meilleurs partenariats avec le secteur privé, où l'innovation américaine offre un avantage concurrentiel considérable.

Les talents scientifiques et technologiques internes de la CIA restent superbes. Au fil des ans, l'agence a mis au point des gadgets d'espionnage d'une valeur inestimable, mon préféré étant l'appareil photo de la guerre froide conçu pour ressembler à une libellule et planer. La révolution de l'intelligence artificielle et l'avalanche d'informations de sources ouvertes qui viennent s'ajouter à celles que nous recueillons clandestinement créent de nouvelles opportunités historiques pour les analystes de la CIA. Nous développons de nouveaux outils d'IA pour aider à digérer tout ce matériel plus rapidement et plus efficacement, libérant les agents pour qu'ils se concentrent sur ce qu'ils font le mieux : fournir des jugements raisonnés et des idées sur ce qui compte le plus pour les décideurs politiques et ce qui signifie le plus pour les intérêts américains. L'IA ne remplacera pas les analystes humains, mais elle leur donne déjà les moyens d'agir.

Une autre priorité de cette nouvelle ère est d'approfondir le réseau inégalé de partenariats de renseignement de la CIA dans le monde entier, un atout qui fait actuellement défaut aux rivaux les plus solitaires des États-Unis. La capacité de la CIA à bénéficier de ses partenaires – de leur collecte, de leur expertise, de leurs perspectives et de leur capacité à opérer plus facilement dans de nombreux endroits que l'agence elle-même – est essentielle à son succès. Tout comme la diplomatie, le renseignement dépend de la revitalisation de ces partenariats anciens et nouveaux. Cette profession repose essentiellement sur les interactions humaines, et rien ne remplace le contact direct pour renforcer les liens avec nos alliés les plus proches, communiquer avec nos adversaires les plus féroces et cultiver tous ceux qui se trouvent entre les deux. Au cours de plus de 50 voyages à l'étranger effectués en près de trois ans en tant que directeur, j'ai parcouru toute la gamme de ces relations.

Parfois, il est plus commode pour les officiers de renseignement de traiter avec des ennemis historiques dans des situations où le contact diplomatique pourrait impliquer une reconnaissance formelle. C'est pourquoi le président m'a envoyé à Kaboul à la fin du mois d'août 2021 pour discuter avec les dirigeants talibans juste avant le retrait définitif des troupes américaines. Parfois, les relations de la CIA dans des régions compliquées du monde peuvent offrir des possibilités pratiques, comme dans les négociations en cours avec l'Égypte, Israël, le Qatar et le Hamas en vue d'un cessez-le-feu humanitaire et de la libération des otages de Gaza. Parfois, ces liens peuvent servir de test discret dans des relations pleines de hauts et de bas politiques. Et parfois, la diplomatie du renseignement peut encourager une convergence d'intérêts et soutenir discrètement les efforts des diplomates et des décideurs américains.

DANS L'OMBRE

Chaque jour, en lisant des câbles provenant de stations du monde entier, en me rendant dans des capitales étrangères ou en parlant avec des collègues au siège, je me souviens des compétences et du courage des agents de la CIA, ainsi que des défis incessants auxquels ils sont confrontés. Ils effectuent un travail difficile dans des endroits difficiles. En particulier depuis le 11 Septembre, ils travaillent à un rythme incroyablement rapide. En effet, l'accomplissement de la mission de la CIA dans cette ère nouvelle et redoutable dépend de la façon dont nous prenons soin de notre personnel. C'est pourquoi la CIA a renforcé ses ressources médicales au siège et sur le terrain, amélioré les programmes pour les familles, les travailleurs à distance et les couples à deux carrières, et exploré des parcours de carrière plus flexibles, en particulier pour les spécialistes des technologies, afin que les agents puissent passer dans le secteur privé et revenir plus tard à l'agence.

Nous avons rationalisé notre processus de recrutement pour les nouveaux officiers. Il faut désormais quatre fois moins de temps qu'il y a deux ans pour passer de la candidature à l'offre finale et à l'habilitation de sécurité. Ces améliorations ont contribué à susciter un regain d'intérêt pour la CIA. En 2023, nous avons reçu plus de candidatures qu'au cours de n'importe quelle année depuis le lendemain du 11 Septembre. Nous travaillons également d'arrache-pied pour diversifier nos effectifs, atteignant des sommets historiques en 2023 en termes de nombre de femmes et d'agents issus de minorités recrutés, ainsi que de nombre de personnes promues aux plus hauts postes de l'agence.

Par nécessité, les agents de la CIA opèrent dans l'ombre, généralement loin des yeux et de l'esprit ; les risques qu'ils prennent et les sacrifices qu'ils font sont rarement bien compris. À un moment où la confiance dans les institutions publiques des États-Unis se fait souvent rare, la CIA reste une institution résolument apolitique, liée par le serment que moi-même et tous les autres membres de l'agence avons prêté pour défendre la Constitution et par nos obligations en vertu de la loi.

Les agents de la CIA sont également liés par un sens de la communauté et par un engagement profond et partagé envers le service public à ce moment crucial de l'histoire américaine. Ils connaissent la vérité du conseil que m'a donné mon père il y a de nombreuses années, après une brillante carrière militaire. Alors que je me demandais ce que j'allais faire de ma vie professionnelle, il m'a envoyé une note manuscrite: «Rien ne peut te rendre plus fier que de servir ton pays avec honneur.» Cela m'a aidé à entamer une longue et heureuse carrière dans l'administration, d'abord dans le service diplomatique et maintenant à la CIA. Je n'ai jamais regretté mon choix. Je suis extrêmement fier de servir aux côtés de milliers d'autres agents de la CIA qui pensent la même chose d'eux – et qui relèvent le défi d'une nouvelle ère.

William J. Burns.

DEUXIÈME PARTIE

ÉVALUATION ANNUELLE DES MENACES DE LA COMMUNAUTÉ DU RENSEIGNEMENT DES ÉTATS-UNIS

(5 février 2024)

AVANT-PROPOS

Au cours de l'année à venir, les États-Unis seront confrontés à un ordre mondial de plus en plus fragile, mis à rude épreuve par l'accélération de la concurrence stratégique entre les grandes puissances, des défis transnationaux plus intenses et imprévisibles, et de multiples conflits régionaux aux implications considérables. Une Chine ambitieuse mais anxieuse, une Russie conflictuelle, certaines puissances régionales, comme l'Iran, et des acteurs non étatiques plus compétents remettent en question les règles de longue date du système international ainsi que la primauté des États-Unis au sein de celui-ci. Parallèlement, les nouvelles technologies, les fragilités du secteur de la santé publique et les changements environnementaux sont plus fréquents, ont souvent un impact mondial et sont plus difficiles à prévoir. Il suffit d'observer la crise de Gaza, déclenchée par un groupe terroriste non étatique très compétent, le Hamas, alimentée en partie par un Iran ambitieux sur le plan régional et exacerbée par des récits encouragés par la Chine et la Russie pour saper les États-Unis sur la scène mondiale, pour voir comment une crise régionale peut avoir des retombées étendues et compliquer la coopération internationale sur d'autres questions urgentes. Le monde qui émergera de cette période tumultueuse sera façonné par ceux qui présenteront les arguments les plus convaincants sur la manière dont le monde devrait être gouverné, dont les sociétés devraient être organisées et dont les systèmes sont les plus efficaces pour faire progresser la croissance économique et apporter des avantages à un plus grand nombre de personnes, ainsi que par les puissances – étatiques et non étatiques – qui sont les plus capables et les plus désireuses de trouver des solutions aux problèmes transnationaux et aux crises régionales.

De nouvelles possibilités d'action collective, avec des acteurs étatiques et non étatiques, émergeront de ces questions complexes et interdépendantes. L'évaluation annuelle des menaces pour 2024 met en évidence certains de ces liens en fournissant les évaluations de référence de la CIA sur les menaces les plus pressantes pour les intérêts nationaux des États-Unis. Il ne s'agit toutefois pas d'une évaluation exhaustive de tous les défis mondiaux. Elle aborde les menaces traditionnelles et non traditionnelles des adversaires des États-Unis, une série de questions régionales susceptibles d'avoir des répercussions plus importantes au niveau mondial, ainsi que des défis fonctionnels et transnationaux, tels que la prolifération, les technologies émergentes, le changement climatique, le terrorisme et les drogues illicites.

La Chine a la capacité de concurrencer directement les États-Unis et leurs alliés et de modifier l'ordre mondial afin de soutenir le pouvoir et la forme de gouvernance de Pékin par rapport aux États-Unis. Les graves problèmes démographiques et économiques de la Chine pourraient en faire un acteur mondial encore plus agressif et imprévisible. L'agression continue de la Russie en Ukraine souligne qu'elle reste une menace pour l'ordre international fondé sur des règles. Les puissances locales et régionales tentent également de gagner et d'exercer une influence, souvent au détriment de leurs voisins et de l'ordre mondial lui-même. L'Iran restera une menace régionale avec des activités d'influence malveillantes plus larges, et la Corée du Nord développera ses capacités en matière d'armes de destruction massive tout en étant un acteur perturbateur sur les scènes régionale et mondiale. Souvent, les actions américaines destinées à dissuader les agressions étrangères ou l'escalade sont interprétées par les adversaires comme renforçant leur propre perception que les États-Unis ont l'intention de les contenir ou de les affaiblir, et ces interprétations erronées peuvent compliquer la gestion de l'escalade et la communication en cas de crise.

Les conflits et l'instabilité régionaux et localisés, tels que les attaques du Hamas contre Israël et l'invasion de Gaza par Israël, exigeront l'attention des États-Unis, car les États et les acteurs non étatiques luttent dans cet ordre mondial en évolution, notamment en ce qui concerne la concurrence entre les grandes puissances et les défis transnationaux partagés. À partir de là, les conflits et les épisodes d'instabilité en Asie de l'Est, en Afrique et dans l'hémisphère occidental, exacerbés par les défis mondiaux, risquent davantage de s'étendre à de nombreux domaines, avec des conséquences pour les États-Unis, leurs alliés et partenaires, et le monde entier. Les tensions économiques ne font qu'attiser cette instabilité. Dans le monde entier, de nombreux États sont confrontés à un endettement croissant, voire insoutenable, aux retombées économiques de la guerre en Ukraine et à l'augmentation des coûts et des pertes de production liés aux phénomènes météorologiques extrêmes, alors même qu'ils continuent de se remettre de la pandémie de Covid-19. Alors que les prix mondiaux des produits agricoles alimentaires ont reculé par rapport à leur pic de 2022, l'inflation des prix alimentaires intérieurs reste élevée dans de nombreux pays et la sécurité alimentaire demeure vulnérable aux chocs économiques et géopolitiques dans de nombreux pays.

Dans le même temps, le monde est assailli par une série de problèmes communs et universels qui exigent des solutions globales et coopératives. Cependant, la compétition plus large entre les formes démocratiques et autoritaires de gouvernement que la Chine, la Russie et d'autres pays alimentent (en promouvant l'autoritarisme et en diffusant la désinformation) exerce une pression sur les normes anciennes d'approches coopératives des biens communs mondiaux. Cette concurrence exploite également les avancées technologiques – telles que l'IA, les biotechnologies et la biosécurité qui y est associée, le développement et la production de la microélectronique, et les développements quantiques potentiels – afin d'exercer une plus grande influence sur les récits qui affectent l'équilibre géopolitique mondial.

Les domaines de l'intelligence artificielle et de la biotechnologie, en particulier, progressent rapidement et les convergences entre les différents domaines de la science et de la technologie aboutiront probablement à de nouvelles percées significatives. L'accélération des effets du changement climatique expose une plus grande partie de la population mondiale, en particulier dans les pays à revenu faible et intermédiaire, à des risques accrus de conditions météorologiques extrêmes, d'insécurité alimentaire et hydrique et de catastrophes humanitaires, ce qui alimente les flux migratoires et accroît les risques de pandémies futures, les agents pathogènes exploitant l'évolution de l'environnement.

Le rapport sur l'évaluation annuelle de la menace pour 2024 soutient les engagements de transparence du Bureau du directeur du renseignement national et perpétue la tradition consistant à fournir au public et au congrès américain des mises à jour régulières sur les menaces. La communauté du renseignement est vigilante dans la surveillance et l'évaluation des menaces directes et indirectes envers les intérêts des Américains et ceux de leurs alliés. Dans le cadre de cet effort permanent, les agents nationaux du renseignement travaillent en étroite collaboration avec des analystes de l'ensemble de la communauté du renseignement pour étudier l'éventail des menaces et mettre en évidence les risques à court terme les plus probables et importants ainsi que leur possible évolution.

Plusieurs États adoptent un comportement concurrentiel qui menace directement la sécurité nationale des États-Unis, tandis qu'un plus grand nombre d'États – y compris certains alliés – sont confrontés à des conflits internes ou à des troubles intérieurs. Ces pressions et dynamiques sont susceptibles de déborder des frontières et des régions pour déstabiliser des zones et menacer les moyens de subsistance, la sécurité et la stabilité de milliards de personnes. La Chine s'efforce de surpasser les États-Unis en termes de puissance nationale globale et d'obtenir le respect de ses choix de la part de ses voisins et des pays du monde entier, tandis que la Russie menace directement les États-Unis pour tenter d'exercer une influence au niveau régional et mondial.

CHINE

OBJECTIFS ET ACTIVITÉS RÉGIONAUX ET MONDIAUX

Le président Xi Jinping envisage la Chine comme la puissance prééminente en Asie de l'Est et comme une puissance de premier plan sur la scène mondiale. Le Parti communiste chinois (PCC) tentera d'anticiper les remises en cause de sa réputation et de sa légitimité, en réduisant l'influence des États-Unis, en creusant des fossés entre Washington et ses partenaires et en encourageant l'adoption de normes mondiales favorables à son système autoritaire. Plus important encore, la République populaire de Chine (RPC) fera pression sur Taïwan pour qu'elle s'unifie, ce qui créera des points de friction critiques avec les États-Unis. La Chine maintiendra ses politiques économiques étatistes parce que les dirigeants chinois considèrent que l'orientation de l'État est nécessaire pour diminuer la dépendance aux technologies étrangères, permettre la modernisation militaire et soutenir la croissance – assurer le règne du PCC et la réalisation de son projet du rajeunissement national – malgré les revers économiques.

- Pékin considère les relations américano-chinoises de plus en plus compétitives comme faisant partie d'un changement géopolitique historique et les mesures diplomatiques, économiques, militaires et technologiques de Washington contre Pékin comme une stratégie destinée à empêcher la montée en puissance de la Chine et saper la domination du PCC. Néanmoins, les dirigeants chinois chercheront à réduire les tensions avec Washington lorsqu'ils estimeront que cela profite à Pékin et protège ses intérêts fondamentaux, comme l'a fait Xi en acceptant de rencontrer le président Biden lors du sommet de l'APEC fin 2023.

- La Chine est confrontée à une myriade de défis intérieurs qui entraveront probablement les ambitions des dirigeants du PCC. Les dirigeants du PCC ont longtemps cru que la croissance économique de la Chine, alimentée par la technologie, dépasserait celle des pays occidentaux. Cependant, il est presque certain que la croissance de la Chine continuera à ralentir en raison des défis démographiques et de l'effondrement du sentiment des consommateurs et des investisseurs, dû en grande partie aux politiques musclées de Pékin.
- Les ambitions régionales et mondiales des dirigeants de la RPC sont également entravées par une résistance croissante aux tactiques économiques, diplomatiques, militaires lourdes et coercitives de la Chine à l'égard de Taïwan et d'autres pays. En particulier, les politiques de la Chine ont conduit de nombreux pays et entreprises à accélérer la réduction des risques dans des secteurs clés et à limiter les exportations de technologies sensibles vers la Chine, ce qui entrave encore davantage les objectifs des dirigeants de la RPC en matière de développement économique et militaire fondé sur la technologie.

Pékin combine sa puissance militaire croissante avec son poids économique, technologique et diplomatique pour renforcer le pouvoir du PCC, sécuriser ce qu'il considère comme son territoire souverain et sa prééminence régionale, et poursuivre sa quête d'influence mondiale. Pékin utilise en particulier ces outils gouvernementaux pour contraindre les autres à se plier à ses préférences, notamment en ce qui concerne l'affirmation de sa souveraineté sur Taïwan.

- En 2024, après les élections présidentielles et législatives de Taïwan, Pékin continuera d'exercer des pressions militaires et économiques, ainsi que des activités de communication et d'influence, tout en promouvant l'intégration économique et sociale à long terme entre les deux rives du détroit, afin d'inciter Taïwan à s'engager sur la voie de l'unification. Pékin affirme que Washington utilise Taïwan tel un «pion» pour saper la montée en puissance de la Chine, et continuera à prendre des mesures toujours plus énergiques pour s'opposer à ce qui est perçu comme un soutien renforcé à Taïwan.
- En mer de Chine méridionale, Pékin mobilisera un nombre croissant de forces aériennes, navales, de gardes-côte et de milices pour intimider ses rivaux et montrer que la Chine contrôle efficacement les zones contestées. La Chine fait également pression sur le Japon au sujet des zones contestées de la mer de Chine orientale.
- Pékin tentera d'étendre son influence à l'étranger et accentuera ses efforts pour être perçu comme un champion du développement mondial à travers plusieurs projets, notamment la poursuite du plus ambitieux des programmes d'investissement et d'infrastructures jamais conçu, l'initiative des «nouvelles routes de la soie» (dite «Initiative ceinture et route») et les nouvelles politiques phares de Xi pour le développement mondial et la sécurité mondiale. Ces programmes et initiatives représentent pour Pékin une alternative aux forums et cadres internationaux de développement et de sécurité souvent dominés par les États-Unis et l'Occident. La communauté du renseignement estime

que le gouvernement chinois s'en servira pour infléchir les normes internationales en faveur de la souveraineté des États et de la stabilité politique, et au détriment des droits individuels. Dans le cadre de cet effort, Pékin cherche à défendre le développement et la sécurité dans les pays du Sud – des régions que Pékin perçoit comme étant réceptives à un engagement avec la Chine en raison d'expériences historiques communes sous l'oppression coloniale et impérialiste – comme un moyen de construire une influence mondiale, de démontrer son leadership et d'étendre sa présence économique, diplomatique et militaire.

Pékin équilibre le niveau de son soutien à Moscou afin de maintenir la relation sans risquer de compromettre ses propres intérêts économiques et diplomatiques. En retour, la Chine obtient des prix de l'énergie favorables et un meilleur accès à l'Arctique.

- La RPC apporte une aide économique et sécuritaire à la guerre en Ukraine en soutenant la base industrielle de défense de la Russie, notamment en fournissant du matériel à double usage et des composants pour les armes. Les échanges commerciaux entre la Chine et la Russie ont augmenté depuis le début de la guerre en Ukraine, et les exportations chinoises de biens susceptibles d'être utilisés à des fins militaires ont plus que triplé depuis 2022.

ÉCONOMIE

Au cours des prochaines années, l'économie chinoise ralentira en raison d'obstacles structurels et de la réticence de Pékin à prendre des mesures de relance agressives pour stimuler la croissance économique. Pékin comprend son problème mais évite les réformes qui vont à l'encontre de la priorité accordée par Xi aux investissements dirigés par l'État dans l'industrie manufacturière et l'industrie. Un ralentissement de l'économie chinoise entraînerait probablement une baisse des prix des matières premières dans le monde entier, éroderait la compétitivité à l'exportation des pays qui sont en concurrence directe avec la Chine, et ralentirait la croissance de l'économie mondiale, mais il est peu probable qu'elle réduise les dépenses de Pékin pour les priorités de l'État.

- Le ralentissement de l'économie chinoise pourrait créer des contraintes en matière de ressources à long terme et l'obliger à hiérarchiser les dépenses entre les questions sociales, la politique industrielle, l'armée et les prêts à l'étranger.
- Xi donne la priorité à ce qu'il considère comme une « croissance de haute qualité » – qui comprend une plus grande autosuffisance dans les secteurs stratégiques et une répartition plus équitable des richesses – au lieu de se concentrer sur la maximisation de la croissance du PIB, tout en essayant d'atténuer la menace des sanctions américaines et le mécontentement concernant les contrôles des exportations de semi-conducteurs.

TECHNOLOGIE

La Chine cherche à devenir une superpuissance scientifique et technologique mondiale et à utiliser cette supériorité technologique à des fins économiques, politiques et militaires. Pékin met en œuvre un effort pangouvernemental pour stimuler l'innovation locale et promouvoir l'autosuffisance, et donne la priorité à la puissance et à l'énergie de pointe, à l'IA, à la biotechnologie, à la science de l'information quantique et aux semi-conducteurs. Pékin tente d'accélérer son développement scientifique et technologique par le biais d'investissements, de l'acquisition et du vol de propriété intellectuelle, d'opérations cybernétiques, du recrutement de talents, de collaborations scientifiques et universitaires et de marchés publics illicites.

- En 2023, une entreprise publique clé de la RPC a fait part de son intention de consacrer au moins 13,7 milliards de dollars à des industries émergentes telles que l'IA, les semi-conducteurs avancés, la biotechnologie et les nouveaux matériaux. La Chine a également annoncé son initiative de gouvernance mondiale de l'IA afin de renforcer le soutien international à sa vision de la gouvernance de l'IA.
- La Chine rivalise désormais avec les États-Unis au sujet des équipements de séquençage de l'ADN et de certaines recherches fondamentales. L'important volume de données génétiques dont dispose Pékin lui permet d'être à la pointe de la médecine de précision et des applications de la biotechnologie agricole.
- La Chine progresse dans la production de puces avancées pour le minage de cryptomonnaies et les appareils cellulaires au niveau 7 nanomètres (nm) en utilisant les équipements existants, mais elle aura des difficultés à produire en grande quantité des puces de pointe de haute qualité sans avoir accès aux outils de lithographie à ultraviolets extrêmes. D'ici 2025, 40 % de toutes les puces à 28 nm devraient être produites en Chine, si l'on en juge par le nombre de nouvelles usines qui devraient commencer à fonctionner au cours des deux prochaines années.

ARMES DE DESTRUCTION MASSIVE

La Chine a toujours l'intention d'orienter son dispositif nucléaire et d'accroître sa rivalité stratégique avec les États-Unis, car ses dirigeants ont conclu que leurs capacités actuelles étaient insuffisantes. Pékin craint que les tensions bilatérales, la modernisation nucléaire des États-Unis et les progrès des capacités conventionnelles de l'Armée populaire de libération (APL) n'augmentent la probabilité d'une première frappe américaine. À mesure que sa force nucléaire se développe, la confiance de Pékin dans sa force de dissuasion nucléaire renforcera probablement la détermination de la RPC et intensifiera les conflits conventionnels.

- La Chine a probablement achevé la construction de plus de 300 nouveaux silos de missiles balistiques intercontinentaux et a chargé au moins certains de ces silos avec des missiles.

La Chine possède probablement des capacités de guerre chimique et biologique (CBW) qui constituent une menace pour les forces américaines, alliées et partenaires, ainsi que pour les populations civiles.

CAPACITÉS MILITAIRES

Pékin s'efforcera de mettre en place une défense nationale et une force militaire entièrement modernisées d'ici à 2035 et de faire de l'APL une armée de classe mondiale d'ici à 2049. Dans l'intervalle, le PCC espère utiliser l'APL pour sécuriser ce qu'il prétend être son territoire souverain, pour affirmer sa prééminence dans les affaires régionales et pour projeter sa puissance à l'échelle mondiale, notamment en étant capable de dissuader et de contrer une intervention des États-Unis dans un conflit entre les deux rives du détroit. Toutefois, la Chine manque d'expérience récente en matière de combat, ce qui lui permet d'être plus compétitive.

L'efficacité de l'APL et la volonté des dirigeants de déclencher un conflit s'en trouveraient probablement affaiblies. En outre, les dirigeants de la RPC sont très certainement préoccupés par l'impact actuel de la corruption sur les capacités et la fiabilité de l'armée, à en juger par la purge d'officiers de haut rang, y compris le ministre de la Défense, en 2023.

- L'APL a mis en service des systèmes modernes et amélioré sa capacité à mener des opérations conjointes qui menaceront les forces américaines et alliées dans le Pacifique occidental. Elle exploite deux porte-avions et devrait mettre en service son porte-avions le plus avancé en 2024, utilise une série de missiles balistiques et de croisière ainsi que le véhicule planeur hypersonique DF-17, et met en service des avions de combat de cinquième génération.
- Les forces terrestres de l'APL ont mené des scénarios d'entraînement de plus en plus réalistes afin d'améliorer leur état de préparation et leur capacité à exécuter des opérations, y compris une invasion potentielle du détroit.

L'APL développe et déploie de nouvelles technologies pour améliorer sa capacité à traiter et à utiliser l'information à grande échelle et à la vitesse de la technologie, ce qui permet aux décideurs de planifier, d'opérer et de soutenir les combats non conventionnels et asymétriques dans plusieurs domaines. L'APL recherche diverses applications de l'IA, notamment pour le guidage des missiles, la détection et l'identification des cibles et les systèmes autonomes.

- L'APL accélère l'incorporation de systèmes d'information de commandement, fournissant aux forces et aux commandants une meilleure connaissance de la situation et une aide à la décision afin d'exécuter plus efficacement les missions et les tâches conjointes.

L'Armée populaire de libération poursuivra la mise en place d'installations militaires hors de ses frontières et cherchera à obtenir les accès lui permettant de consolider sa puissance et protéger les intérêts de la Chine à l'étranger. Outre le développement de sa base militaire à Djibouti et de son installation militaire dans la base navale de Ream au Cambodge, Pékin envisagerait de mettre en place des installations militaires dans de nombreux endroits, notamment – mais pas exclusivement – en Birmanie, à Cuba, en Guinée équatoriale, au Pakistan, aux Seychelles, au Sri Lanka, au Tadjikistan, en Tanzanie et dans les Émirats arabes unis.

Depuis au moins une décennie, Pékin et Moscou ont recours à des activités militaires combinées très médiatisées pour signaler la solidité des relations de défense entre la Chine et la Russie, mais n'ont apporté que des améliorations mineures à l'interopérabilité au cours des exercices successifs.

ESPACE

La Chine reste déterminée à devenir un leader mondial de l'espace et continue de démontrer ses prouesses croissantes en déployant des systèmes spatiaux de plus en plus performants et en réalisant des prouesses scientifiques ambitieuses. D'ici à 2030, la Chine atteindra probablement le statut de leader mondial dans tous les domaines de la technologie spatiale, à l'exception de quelques-uns.

- Le renseignement, la surveillance et la reconnaissance (ISR) basés sur l'espace, ainsi que la position, la navigation, la synchronisation et les communications par satellite sont des domaines que l'APL continue d'améliorer pour combler l'écart perçu entre elle et l'armée américaine.

- Au début de l'année 2023, l'agence spatiale chinoise a annoncé son intention de faire atterrir des astronautes sur la Lune vers 2030 et invite les pays à se joindre à son effort de station de recherche lunaire dans le cadre de sa tentative plus large de développer un bloc alternatif aux accords Artemis dirigés par les États-Unis.
- Le secteur spatial commercial chinois se développe rapidement. Il est en passe de devenir un concurrent majeur d'ici 2030. Par exemple, la Chine développe son propre service Internet par orbite basse pour concurrencer les services Internet commerciaux par satellite occidentaux.

Les opérations de contre-espace feront partie intégrante des campagnes militaires potentielles de l'Armée populaire de libération, et la Chine dispose d'armes spatiales destinées à cibler les satellites américains et alliés. La Chine a déjà mis en œuvre des capacités de contre-lutte spatiale basées au sol, notamment des systèmes de guerre électronique, des armes à énergie dirigée et des missiles antisatellites destinés à perturber, endommager et détruire les satellites visés.

- La Chine a également procédé à des démonstrations de technologie orbitale, qui, bien que n'étant pas de l'ordre de la contre-lutte spatiale, n'en sont pas moins importantes. Les essais d'armes spatiales prouvent la capacité de la Chine à mettre en œuvre de futures armes spatiales de contre-espace.

CYBERSÉCURITÉ

Nous estimons que la Chine représente la menace de cyberespionnage la plus étendue, la plus active et la plus persistante pour les réseaux gouvernementaux et ceux du secteur privé américains. Les activités de cyberespionnage de Pékin et l'exportation par son industrie de technologies de surveillance, d'information et de communication augmentent les menaces d'opérations cybernétiques agressives contre les États-Unis et la suppression de la libre circulation de l'information dans le cyberespace.

- Les opérations de la RPC découvertes par le secteur privé américain visaient probablement à prépositionner des cyberattaques contre les infrastructures de Guam et à permettre de perturber les communications entre les États-Unis et l'Asie.
- Si Pékin estime qu'un conflit majeur avec les États-Unis est imminent, il envisagera de mener des opérations cybernétiques agressives contre les infrastructures critiques et les moyens militaires américains. Une telle attaque aurait pour but de dissuader l'action militaire américaine en entravant la prise de décision, en provoquant la panique dans la société et en perturbant le déploiement des forces américaines.
- La Chine est à l'avant-garde mondiale dans la mise en place de surveillance et de censure pour contrôler sa population et réprimer la dissidence. Pékin mène des cyberintrusions affectant les citoyens américains et autres au-delà de ses frontières – comme le piratage contre les journalistes, les dissidents et les personnes qu'il considère comme hostiles – pour contrer les menaces envers le PCC et adapter ses tentatives d'influence.

INFLUENCE MALVEILLANTE

Pékin étend son influence secrète à l'échelle mondiale afin de mieux soutenir les objectifs du PCC. La RPC cherche à semer le doute sur le leadership des États-Unis, à saper la démocratie et à étendre l'influence de Pékin. Les opérations d'information de Pékin se concentrent principalement sur la promotion de récits favorables à la Chine, sur la réfutation des récits promus par les États-Unis et sur la lutte contre les politiques des États-Unis et d'autres pays qui menacent les intérêts de Pékin, notamment l'image internationale de la Chine, l'accès aux marchés et l'expertise technologique.

- Les efforts déployés par Pékin pour exploiter les divisions sociales aux États-Unis en utilisant ses personnages en ligne rapprochent le pays du manuel de Moscou pour les opérations d'influence.
- La Chine fait preuve d'une plus grande sophistication dans ses activités d'influence, notamment en expérimentant l'IA générative. Des comptes TikTok gérés par un organe de propagande de la RPC auraient ciblé des candidats des deux partis politiques lors des élections américaines de mi-mandat en 2022.
- Pékin intensifie ses efforts pour façonner le discours public américain, notamment en essayant d'infléchir l'opinion de nos concitoyens sur des questions sensibles ou de souveraineté, telles que Taïwan, le Xinjiang, le Tibet et Hong Kong, et en faisant pression sur les opposants politiques. Dans le cadre de ses efforts pour étouffer les critiques, la République populaire de Chine surveille les étudiants chinois à l'étranger afin de déceler des opinions dissidentes, mobilise les associations d'étudiants chinois pour mener des activités en son nom et influence les recherches menées par les universitaires et les experts des groupes de réflexion américains.

La RPC pourrait tenter d'influencer les élections américaines de 2024 à un certain niveau en raison de son désir de mettre à l'écart les détracteurs de la Chine et d'amplifier les divisions de la société américaine. Les acteurs de la RPC ont accru leurs capacités à mener des opérations d'influence secrètes et à diffuser de la désinformation. Même si Pékin fixe des limites à ces activités, des individus qui ne sont pas sous sa supervision directe peuvent tenter d'influencer les activités électorales qu'ils perçoivent comme étant conformes aux objectifs de Pékin.

OPÉRATIONS DE RENSEIGNEMENT

La Chine continuera à développer son dispositif de renseignement au niveau mondial afin de promouvoir les ambitions du PCC, de remettre en cause la sécurité nationale et l'influence mondiale des États-Unis, d'étouffer les menaces pour le régime perçues dans le monde entier et de voler des secrets commerciaux et des droits de propriété intellectuelle pour soutenir les secteurs scientifiques et technologiques chinois.

- Les responsables des services de renseignement de la RPC tenteront d'exploiter l'environnement de surveillance technique omniprésent en Chine et d'étendre leur utilisation de la surveillance, de la collecte de données et des capacités analytiques avancées contre des cibles de sécurité politique au-delà des frontières de la Chine. La Chine développe et améliore rapidement ses capacités d'analyse de l'IA et des *big data* pour les opérations de renseignement.
- Des opérations de renseignement plus robustes augmentent également le risque que ces activités aient des conséquences internationales, comme l'a suggéré le survol des États-Unis par le ballon à haute altitude en février 2023.

DÉFIS

La priorité accordée par Xi Jinping à la sécurité et à la stabilité pour le PCC compromet la capacité de la Chine à résoudre des problèmes intérieurs complexes et empêchera le PCC d'atteindre son objectif de devenir une grande puissance sur la scène mondiale. Les dirigeants chinois sont probablement plus préoccupés par la corruption, les problèmes démographiques et la pauvreté. Tous ces éléments influencent les performances économiques et la qualité de vie, deux facteurs clés qui sous-tendent le soutien national au gouvernement et la stabilité politique.

- L'importance croissante accordée par Pékin à la sécurité nationale a donné lieu à de nouvelles lois sur la sécurité des données et la lutte contre l'espionnage visant les entreprises étrangères, à des mesures de répression à l'encontre des entreprises technologiques de la RPC et à des appels à la participation de l'ensemble de la société chinoise à des activités de contre-espionnage.
- Xi continue de réprimander régulièrement, d'avertir publiquement, d'enquêter et de procéder à des licenciements sur la base des dangers de la corruption. Toutefois, les efforts de lutte contre la corruption ne parviendront probablement jamais à déraciner la corruption.
- Les problèmes sous-jacents sont dus au pouvoir inégalé des hauts responsables du parti et à l'insistance de Xi sur le fait que l'appareil du parti a le pouvoir exclusif de contrôler et de combattre la corruption.
- Malgré un assouplissement des restrictions sur la limitation des naissances, le taux de natalité de la Chine continue de baisser. Les taux de mariage suivent une trajectoire similaire, ce qui renforcera

les tendances démographiques négatives et la diminution de la main-d'œuvre.

- L'amalgame fait par Xi entre les menaces intérieures et extérieures en matière de sécurité mine la position et la notoriété de la Chine à l'étranger, réduisant la capacité de Pékin à influencer les perceptions mondiales et à atteindre ses objectifs. La ligne dure adoptée par Pékin à l'égard du séparatisme présumé au Xinjiang, à Hong Kong et au Tibet, ainsi que la répression plus générale de la religion et de la dissidence en Chine, ont suscité de nombreuses critiques à l'échelle mondiale concernant les violations des droits de l'homme et l'ingérence extraterritoriale de la Chine.

RUSSIE

OBJECTIFS ET ACTIVITÉS RÉGIONAUX ET MONDIAUX

La guerre d'agression menée par la Russie contre l'Ukraine a causé d'énormes dégâts dans le pays et à l'étranger, mais la Russie reste un adversaire résistant et compétent dans un large éventail de domaines et cherche à projeter et à défendre ses intérêts au niveau mondial et à saper les États-Unis et l'Occident. Le renforcement des liens de la Russie avec la Chine, l'Iran et la Corée du Nord pour soutenir sa production de défense et son économie constitue un défi majeur pour l'Occident et ses partenaires. La Russie continuera de défendre ses intérêts de manière compétitive, voire agressive et provocatrice, notamment en recourant à la force militaire, comme elle l'a fait contre l'Ukraine, et en cherchant à dominer, à des degrés divers, d'autres pays de l'espace post-soviétique.

- Il est presque certain que la Russie ne veut pas d'un conflit militaire direct avec les forces des États-Unis et de l'OTAN et qu'elle poursuivra ses activités asymétriques en deçà de ce qu'elle estime être le seuil d'un conflit militaire à l'échelle mondiale. Le président Vladimir Poutine pense probablement que la Russie a émoussé les efforts de l'Ukraine pour reprendre des territoires importants, que son approche pour gagner la guerre est payante et que le

soutien de l'Occident et des États-Unis à l'Ukraine est limité, en particulier à la lumière de la guerre entre Israël et le Hamas.
- Poutine a bouleversé la renaissance géopolitique, économique et militaire de la Russie et a porté atteinte à sa réputation internationale avec l'invasion à grande échelle de l'Ukraine. Néanmoins, la Russie met en œuvre des politiques visant à atténuer ces coûts et à tirer parti de ses relations avec l'étranger pour minimiser les dommages liés aux sanctions et rétablir sa crédibilité en tant que grande puissance.
- L'engagement économique profond de Moscou avec Pékin offre à la Russie un marché important pour ses produits et services. La Chine est de loin le partenaire commercial le plus important de la Russie : les échanges bilatéraux atteindront plus de 220 milliards de dollars en 2023, dépassant déjà de 15 % le volume record de 2022.

Moscou continuera d'utiliser toutes les sources applicables de puissance nationale pour promouvoir ses intérêts et tenter d'affaiblir les États-Unis et leurs alliés, mais elle est confrontée à un certain nombre de défis, tels que l'éloignement des marchés et des technologies occidentaux et la fuite du capital humain, pour y parvenir. Ces moyens iront de l'utilisation de l'énergie pour tenter de forcer la coopération et d'affaiblir l'unité occidentale sur l'Ukraine, à l'intimidation militaire et sécuritaire, en passant par l'influence maligne, les cyberopérations, l'espionnage et les subterfuges.

- Le PIB de la Russie est sur une trajectoire de croissance modeste en 2024, mais sa compétitivité à long terme a diminué par rapport à ses perspectives d'avant-guerre. La Russie a augmenté ses dépenses sociales, ce qui a probablement atténué les réactions de l'opinion publique, et a augmenté l'impôt sur les sociétés, ce qui a permis d'accroître la flexibilité budgétaire et les options de financement.

Moscou a réussi à détourner la plupart de ses exportations de pétrole par voie maritime et vend probablement des volumes importants au-dessus des plafonds de prix du pétrole brut et des produits raffinés fixés par le G-7, qui sont entrés en vigueur en décembre 2022 et février 2023, respectivement – en partie parce que la Russie a davantage recours à des options non occidentales pour faciliter le détournement de la plupart de ses exportations de pétrole par voie maritime et parce que les prix mondiaux du pétrole ont augmenté l'année dernière.

- La Russie conservera une influence importante dans le domaine de l'énergie. Au premier semestre 2023, la Russie était encore le deuxième fournisseur de gaz naturel liquéfié de l'Europe et avait annoncé une réduction de ses exportations de pétrole brut dans le cadre de son engagement envers l'OPEP +.
- La Russie compense le déclin de ses relations avec l'Occident en renforçant ses liens avec la Chine, l'Iran, la Corée du Nord et les principaux pays du Sud.
- Les efforts renouvelés de l'Arménie, de la Moldavie et de certains États d'Asie centrale pour trouver d'autres partenaires montrent à quel point la guerre a nui à l'influence de Moscou, même dans l'espace post-soviétique. La réticence de la Russie à consacrer les ressources et le capital politique nécessaires pour empêcher l'Azerbaïdjan de reprendre le Haut-Karabakh aux Arméniens de souche par une offensive militaire en septembre 2023 montre à quel

point la guerre de Moscou en Ukraine a affaibli son rôle d'arbitre en matière de sécurité régionale.

UKRAINE

L'opération militaire russe contre l'Ukraine a entraîné des coûts importants et durables pour la Russie. Elle n'a pas réussi à soumettre complètement l'Ukraine comme le souhaitait initialement Poutine, et a rallié l'Occident à la défense contre l'agression russe. La Russie a subi plus de pertes militaires que jamais depuis la Seconde Guerre mondiale – environ 300 000 victimes et des milliers de chars et de véhicules de combat blindés.

- L'armée russe est et restera confrontée à des problèmes d'attrition, de pénurie de personnel et de moral, bien que son recours aux mines, à des positions défensives préparées et à des tirs indirects lui ait permis d'atténuer les offensives de l'Ukraine en 2023.
- Néanmoins, cette impasse joue en faveur des avantages militaires stratégiques de la Russie et fait de plus en plus pencher la balance en faveur de Moscou. L'industrie de défense russe accélère considérablement la production d'une panoplie d'armes de frappe à longue portée, de munitions d'artillerie et d'autres capacités qui lui permettront de soutenir une longue guerre de haute intensité si nécessaire. Dans le même temps, Moscou n'a cessé de progresser sur le champ de bataille depuis la fin de l'année 2023 et profite des incertitudes quant à l'avenir de l'aide militaire occidentale.

CAPACITÉS MILITAIRES

Les pertes subies par les forces russes en Ukraine nécessiteront des années de reconstruction. Moscou s'appuiera davantage sur les capacités nucléaires et de contre-lutte spatiale pour la dissuasion stratégique alors qu'elle s'efforce de reconstruire sa force terrestre. Quoi qu'il en soit, les forces aériennes et navales de la Russie continueront à fournir à Moscou certaines capacités de projection de puissance à l'échelle mondiale.

- Les plans annoncés par Moscou pour développer massivement ses forces terrestres ne seront certainement pas couronnés de succès, mais ils aboutiront néanmoins à terme à une armée plus importante, même si elle n'est pas meilleure sur le plan qualitatif. La Russie a réussi à recruter un nombre record de militaires sous contrat en leur offrant des avantages importants et en manipulant la propagande sur la guerre en Ukraine. Les augmentations continues des dépenses de défense fourniront probablement un financement suffisant pour augmenter progressivement les effectifs sans que Moscou doive recourir à la mobilisation de réservistes.

Sociétés militaires et de sécurité privées russes et activités paramilitaires

La Russie s'appuiera sur des sociétés militaires et de sécurité privées (SMSP) et des groupes paramilitaires pour atteindre ses objectifs sur le champ de bataille en Ukraine, pour renforcer les forces russes, pour déplacer des armes et former des combattants, pour dissimuler la main de Moscou dans des opérations sensibles et pour projeter son influence et sa puissance au Moyen-Orient et en Afrique.

ARMES DE DESTRUCTION MASSIVE

La Russie continuera à moderniser ses capacités en matière d'armes nucléaires et conserve le stock d'armes nucléaires le plus important et le plus diversifié. Moscou considère que ses capacités nucléaires sont nécessaires pour maintenir la dissuasion et atteindre ses objectifs dans un conflit potentiel contre les États-Unis et l'OTAN, et elle y voit le garant ultime de la Fédération de Russie.

- L'incapacité de la Russie à remporter des victoires rapides et décisives sur le champ de bataille, associée aux frappes ukrainiennes à l'intérieur de la Russie, continue de faire craindre que Poutine n'utilise des armes nucléaires. En 2023, Poutine a publiquement fait part de sa volonté de transférer des armes nucléaires au Belarus, en réponse à une demande de longue date de Minsk.
- Moscou continue de développer des missiles nucléaires à longue portée et des missiles mer-sol balistiques stratégiques destinés à pénétrer ou à contourner les défenses antimissiles américaines. La Russie développe et modernise son vaste ensemble d'armes tactiques, capables de porter des ogives nucléaires ou conventionnelles, car elle estime que ces armes de courte à moyenne portée permettent de dissuader les adversaires, de contrôler une éventuelle escalade des hostilités et de contrer les forces conventionnelles des États-Unis et alliés.

La Russie continuera à représenter une menace pour les armes chimiques et biologiques. Les instituts scientifiques russes ont mené des recherches et développé des capacités en matière d'armes chimiques et biologiques, y compris des technologies permettant d'acheminer des agents chimiques et biologiques. La Russie conserve un programme d'armes chimiques non déclaré et a utilisé des armes chimiques au moins deux fois ces dernières années : lors de tentatives d'assassinat avec des agents neurotoxiques Novitchok, également connus sous le nom d'agents de quatrième génération, contre le chef de l'opposition russe Alexeï Navalny[1] en 2020 et contre le citoyen britannique Sergueï Skripal et sa fille Ioulia Skripal sur le sol du Royaume-Uni en 2018.

CYBERSÉCURITÉ

La Russie constituera une cybermenace mondiale durable même si elle donne la priorité aux cyberopérations dans le cadre de la guerre en Ukraine. Son gouvernement considère les cyberperturbations comme un levier de politique étrangère pour façonner les décisions d'autres pays, et un outil militaire et dissuasif, affine et utilise en permanence ses capacités d'espionnage, d'influence et d'attaque contre une variété de cibles.

- La Russie cherche particulièrement à améliorer sa capacité à cibler les infrastructures critiques, y compris les câbles sous-marins et les systèmes de contrôle industriel, aux États-Unis ainsi que dans les pays alliés et partenaires, afin de démontrer son potentiel de nuisance en cas de crise.

INFLUENCE MALVEILLANTE

La Russie représente l'une des influences étrangères les plus menaçantes pour les Américains et alliés, utilisant ses services de renseignement, ses intermédiaires et ses outils d'influence de grande envergure pour tenter de diviser

1. Alexeï Navalny est mort le 16 février 2024 au centre pénitentiaire de Kharp [NdT].

l'Occident et accroître son influence dans le monde entier, tout en tentant de saper la position mondiale des États-Unis, d'amplifier la discorde à l'intérieur du pays et d'influencer les électeurs et décideurs américains. La guerre de la Russie en Ukraine continuera à figurer en bonne place dans ses messages.

- Moscou considère les élections américaines comme des opportunités et mène des opérations d'influence depuis des décennies et aussi récemment que les élections américaines de mi-mandat en 2022. La Russie réfléchit à la manière dont les résultats des élections américaines de 2024 pourraient influer sur le soutien occidental à l'Ukraine et tentera probablement d'influer sur les élections de la manière la plus favorable à ses intérêts et à ses objectifs.
- Les acteurs de l'influence russe ont adapté leurs efforts pour mieux cacher leur jeu et pourraient utiliser de nouvelles technologies, telles que l'IA générative, pour améliorer leurs capacités et atteindre les publics occidentaux.

ESPACE

La Russie restera un concurrent spatial majeur, mais elle pourrait rencontrer des difficultés à atteindre ses objectifs à long terme en raison de l'effet des sanctions internationales supplémentaires et du contrôle de ses exportations suite à l'invasion de l'Ukraine. L'industrie spatiale russe rencontre par ailleurs une myriade de problèmes internes et souffre d'une concurrence féroce pour le financement des différents programmes d'État. Moscou se concentrera probablement sur la hiérarchisation et l'intégration des services spatiaux, comme les communications, le positionnement, la navigation, le chronométrage, la géolocalisation, le renseignement, la surveillance et la reconnaissance, jugés essentiels pour sa sécurité nationale.

- Moscou utilise ses satellites de télédétection civils et commerciaux pour compléter ses capacités militaires et a averti que les infrastructures commerciales d'autres pays dans l'espace extra-atmosphérique utilisées à des fins militaires pouvaient devenir des cibles légitimes.
- La Russie continue d'entraîner ses éléments spatiaux militaires et de déployer de nouvelles armes antisatellites pour perturber et affaiblir les capacités spatiales américaines et alliées, développe, teste et met en service une gamme d'armes antispatiales destructrices ou non – comprenant des capacités de brouillage et de cyberespace, des armes à énergie dirigée, des moyens en orbite et des missiles antisatellites (ASAT) basés au sol – pour cibler les satellites américains et alliés.
- La Russie investit dans la guerre électronique et les armes à énergie dirigée pour contrer les actifs occidentaux en orbite. Ces systèmes fonctionnent en perturbant ou en désactivant les capacités C4ISR (commandement, contrôle, ordinateurs, renseignement, surveillance et reconnaissance) de l'ennemi et en perturbant le GPS, les communications tactiques et satellitaires ainsi que les radars. La Russie continue également de développer des missiles antisatellites à ascension directe au sol capables de détruire des cibles spatiales en orbite terrestre basse.

DÉFIS

Alors que Poutine présente l'échec de la révolte de la Société militaire de sécurité privée Wagner en juin 2023 comme la preuve que la société russe est unie derrière son leadership, il continue à faire face à des défis intérieurs, notamment le soutien des élites, la pression économique et le fardeau de la guerre en Ukraine.

- Moscou doit probablement trouver un équilibre entre l'augmentation des dépenses militaires et la nécessité d'obtenir des revenus supplémentaires sans surcharger les entreprises privées et publiques ou le public russe avec le coût de la guerre. La Russie est confrontée à des problèmes à long terme, notamment un manque d'investissements étrangers, en particulier dans le secteur de l'énergie.

IRAN

OBJECTIFS ET ACTIVITÉS RÉGIONAUX ET MONDIAUX

L'Iran tentera d'éroder l'influence des États-Unis au Moyen-Orient, d'asseoir son influence, d'étendre son emprise sur les États voisins, et de minimiser les menaces qui pèsent sur le régime. Téhéran utilisera la diplomatie, l'expansion de son programme nucléaire et de ses forces conventionnelles, le soutien aux milices étrangères et aux acteurs non étatiques ainsi que ses ventes et acquisitions militaires pour atteindre ses objectifs, notamment en essayant de renforcer ses liens avec Moscou. L'Iran cherchera à utiliser le conflit de Gaza pour dénoncer Israël, décrier son rôle dans la région et tenter de dissuader les autres États du Moyen-Orient de resserrer leurs liens avec Israël, tout en mettant en avant le rôle de l'Iran en tant que champion de la cause palestinienne. Toutefois, la position de l'Iran sur le conflit n'est pas de nature à masquer les défis auxquels il est confronté sur le plan interne, où la sous-performance économique et les griefs sociétaux continuent de mettre le régime à l'épreuve.

- Des décennies passées à cultiver des liens, à fournir un soutien, un financement, des armes et une formation à ses partenaires et affiliés au Moyen-Orient, y compris le Hezbollah libanais, les Houthis et les milices soutenues par l'Iran en Irak et en Syrie, permettront à Téhéran de continuer à démontrer l'efficacité de l'utilisation de ces membres de l'« axe de la résistance », un consortium lâche d'acteurs terroristes et militants partageant les mêmes idées. Téhéran a pu faire jouer les capacités militaires du réseau à la suite de l'attaque du Hamas le 7 octobre, orchestrant des attaques anti-israéliennes et anti-américaines du Liban au détroit de Bab al-Mandeb, tout en protégeant les dirigeants iraniens de conséquences importantes.

- En 2023, l'Iran a étendu son influence diplomatique en améliorant ses liens avec la Russie, l'Arabie saoudite et l'Irak. L'Iran s'est dit prêt à remettre en œuvre le plan d'action global conjoint (JCPOA) de 2015 afin d'obtenir un allègement des sanctions, mais le soutien continu de Téhéran à ses affiliés terroristes et les menaces proférées à l'encontre d'anciens responsables américains n'ont pas favorisé la conclusion d'un accord.
- Fin 2022 et début 2023, le régime iranien a été confronté aux manifestations les plus importantes et les plus longues depuis la révolution de 1979. Mouvements déclenchés par ce qu'il considérait comme un problème plus culturel qu'économique ou politique mais qui englobent maintenant tous les griefs à l'encontre de la République islamique et rassemblent une grande partie de la société. Ces germes du mécontentement populaire sont toujours présents en Iran et pourraient générer de nouveaux conflits internes.
- L'Iran continuera également à menacer directement les ressortissants américains au Moyen-Orient et reste déterminé à développer des réseaux informatiques de substitution à l'intérieur des États-Unis, ce qu'il fait depuis une dizaine d'années. L'Iran cherche à cibler d'anciens et d'actuels responsables américains en représailles à l'assassinat du com-

mandant de la force Qods du Corps des gardiens de la révolution islamique (CGRI), Qasem Soleimani, en janvier 2020, et a déjà tenté de mener des opérations meurtrières aux États-Unis.

- Le conflit à Gaza et le soutien de l'Iran au Hamas pourraient affaiblir encore davantage les tentatives de l'Iran de s'imposer sur la scène internationale, d'améliorer sa stature internationale et d'attirer les investissements étrangers.

L'Iran restera une menace pour Israël et les alliés et intérêts américains dans la région bien après le conflit de Gaza, et continuera probablement à armer et à aider ses alliés à menacer les États-Unis, ainsi qu'à soutenir le Hamas et d'autres qui cherchent à bloquer un accord de paix entre Israël et les Palestiniens. Si l'Iran veille à éviter un conflit direct avec Israël ou les États-Unis, il a néanmoins permis des dizaines d'attaques de milices à la roquette, au missile et au drone contre les forces américaines en Irak et en Syrie, des échanges de tirs du Hezbollah avec Israël à la frontière nord du Liban, et des attaques au missile et au drone houthi, à la fois contre Israël directement et contre les navires de commerce internationaux transitant par la mer Rouge.

QUESTIONS NUCLÉAIRES

L'Iran n'entreprend pas actuellement les principales activités de développement d'armes nucléaires nécessaires à la fabrication d'un dispositif nucléaire testable. Depuis 2020, cependant, Téhéran a déclaré qu'il n'était plus contraint par les limites du JCPOA, et l'Iran a considérablement développé son programme nucléaire, réduit la surveillance de l'Agence internationale de l'énergie atomique (AIEA) et entrepris des activités qui lui permettent de mieux se positionner pour produire un dispositif nucléaire, s'il choisit de le faire.

- L'Iran utilise son programme nucléaire pour renforcer son pouvoir de négociation et répondre à la pression internationale perçue. Téhéran a déclaré qu'il rétablirait les limites fixées par le JCPOA si les États-Unis respectaient les engagements pris dans le cadre du JCPOA et si l'AIEA clôturait les enquêtes en cours sur les garanties. Téhéran a mélangé une petite quantité d'uranium enrichi à 60 % et a considérablement réduit son taux de production de juin à novembre 2023.
- L'Iran continue d'augmenter la taille et le niveau d'enrichissement de son stock d'uranium, et de développer, fabriquer et faire fonctionner des centrifugeuses avancées. Téhéran dispose de l'infrastructure et de l'expérience nécessaires pour produire rapidement de l'uranium de qualité militaire, s'il le souhaite.
- L'Iran envisagera probablement d'installer des centrifugeuses plus perfectionnées, d'augmenter encore son stock d'uranium enrichi ou d'enrichir de l'uranium jusqu'à 90 % en réponse à de nouvelles sanctions, attaques ou censures à l'encontre de son programme nucléaire.

L'Iran a probablement l'intention de poursuivre la recherche et le développement d'agents chimiques et biologiques à des fins offensives. Les scientifiques militaires iraniens ont étudié des produits chimiques, des toxines et des biorégulateurs, qui ont tous un large éventail d'effets de sédation, de dissociation et de neutralisation amnésique.

CAPACITÉS MILITAIRES

L'approche hybride de l'Iran, qui utilise à la fois des armes conventionnelles et non conventionnelles, constitue une menace pour les intérêts américains dans la région. Les opérations de guerre non conventionnelles de l'Iran et le réseau de partenaires militants et de mandataires permettent à Téhéran de promouvoir ses intérêts dans la région et de maintenir une profondeur stratégique.

- L'Iran a commencé à prendre livraison d'avions d'entraînement avancés et cherchera probablement à acquérir de nouveaux systèmes d'armes conventionnels, tels que des avions de combat avancés, des hélicoptères et des chars de combat principaux. Toutefois, les contraintes budgétaires et les déficits fiscaux ralentiront le rythme et l'ampleur de ces acquisitions.
- Les missiles, drones et navires iraniens continueront de menacer les actifs commerciaux et militaires américains et alliés au Moyen-Orient.

Les programmes de missiles balistiques de l'Iran, qui comprennent le plus grand inventaire de missiles balistiques de la région, mettent l'accent sur l'amélioration de la précision, de la létalité et de la fiabilité de ses missiles. Les Iraniens ont amélioré la précision, la létalité et la fiabilité de leurs missiles. Leurs travaux sur les lanceurs spatiaux légers (SLV) – dont le Simorgh, lanceur de deuxième génération – les rapprochent de la création d'un missile balistique intercontinental (MBIC), s'ils décidaient d'en développer un, parce que les SLV et les MBIC utilisent des technologies similaires.

CYBERSÉCURITÉ ET INFLUENCE MALVEILLANTE

L'expertise croissante de l'Iran et sa volonté de mener des cyberopérations agressives constituent une menace majeure pour la sécurité des réseaux et des données des États-Unis et de leurs alliés. L'approche opportuniste de l'Iran en matière de cyberattaques rend les propriétaires d'infrastructures critiques aux États-Unis susceptibles d'être pris pour cibles par Téhéran, d'autant plus que ses précédentes attaques contre des cibles israéliennes montrent que l'Iran est prêt à s'en prendre à des pays dotés de capacités cybernétiques plus importantes que les siennes. L'Iran continuera à mener des opérations d'influence malveillantes au Moyen-Orient et dans d'autres régions, notamment en tentant de saper les processus politiques américains et d'amplifier la discorde.

Avant les élections américaines de 2024, l'Iran pourrait tenter de mener des opérations d'influence visant les intérêts américains, y compris en ciblant les élections américaines, ayant démontré sa volonté et sa capacité à le faire dans le passé.

- Au cours du cycle électoral américain de 2020, des cyberacteurs iraniens ont obtenu ou tenté d'obtenir des informations sur les électeurs américains, envoyé des courriels de menace aux électeurs et diffusé de la désinformation sur l'élection. Ces mêmes acteurs iraniens ont fait évoluer leurs activités et mis au point un nouvel ensemble de techniques, combinant des capacités cybernétiques et d'influence, que l'Iran pourrait déployer lors du cycle électoral américain de 2024.

DÉFIS

Malgré l'érosion des manifestations qui ont eu lieu fin 2022 et début 2023, l'Iran reste confronté à des défis intérieurs qui limitent la capacité du régime à atteindre ses objectifs. La mauvaise gestion et les sanctions internationales sont des freins à l'économie qui limitent la capacité du régime à acheter le soutien intérieur et la légitimité.

- L'économie iranienne continue de se débattre dans un contexte d'inflation élevée – qui devrait atteindre 40 % en 2023 –, de pressions liées aux sanctions et de dépréciation de la monnaie. La plupart des salaires ne parviennent pas à suivre la hausse des prix, ce qui entraîne une diminution du pouvoir d'achat des ménages. Au cours des prochaines années, l'Iran sera de plus en plus confronté au changement climatique en raison de la raréfaction de l'eau.
- La dépendance de l'Iran à l'égard des recettes d'exportation du pétrole et le ralentissement de la croissance économique en Chine, premier acheteur de pétrole de l'Iran, laissent présager une baisse des recettes pour Téhéran et une augmentation potentielle des déficits budgétaires, ce qui obligera probablement le gouvernement à réduire ses dépenses d'infrastructure, notamment dans les domaines de l'électricité et de l'eau.
- Le guide suprême de l'Iran, Ali Khamenei, occupe ce poste depuis 1989 et a plus de 80 ans. Sa disparition éventuelle pourrait remettre en question un système caractérisé par le fractionnisme des élites et qui n'a connu qu'une seule transition du chef suprême.

CORÉE DU NORD

OBJECTIFS ET ACTIVITÉS RÉGIONAUX ET MONDIAUX

Le dirigeant nord-coréen Kim Jong-un continue d'œuvrer au renforcement des capacités nucléaires et conventionnelles de la Corée du Nord contre les États-Unis et leurs alliés, en faisant régulièrement la démonstration d'actions agressives pour tenter de remodeler l'environnement de sécurité régional en sa faveur. La Corée du Nord est sortie de sa période d'isolement la plus profonde, due à la combinaison de près de deux décennies de sanctions sévères de l'ONU et au verrouillage qu'elle s'est imposée dans le cadre du Covid-19. Aujourd'hui, elle cherche à renforcer ses liens avec la Chine et la Russie dans le but d'accroître ses gains financiers, son soutien diplomatique et sa coopération en matière de défense. Kim n'a certainement pas l'intention de négocier l'abandon de son programme nucléaire, qu'il considère comme le garant de la sécurité du régime et de la fierté nationale. En outre, Kim espère probablement pouvoir utiliser ses liens croissants avec la Russie en matière de défense pour poursuivre son objectif d'être accepté par la communauté internationale en tant que puissance nucléaire.

- Fin 2023, Kim a accueilli des délégations chinoises et russes de haut niveau à Pyongyang et a effectué son premier voyage à l'étranger depuis le début de la pandémie de Covid-19 pour rencontrer le président Poutine. Depuis cette rencontre, la Corée du Nord a probablement commencé à expédier des munitions à la Russie pour soutenir le conflit avec l'Ukraine en échange de concessions diplomatiques, économiques et militaires.

- En réponse au renforcement de la coopération trilatérale entre les États-Unis, le Japon et la Corée du Sud, Pyongyang a cherché à démontrer le danger que représente son armée par des tirs de missiles et une rhétorique menaçant de représailles nucléaires. La Corée du Nord fait régulièrement coïncider ses tirs de missiles et ses démonstrations militaires avec les exercices des États-Unis et de la Corée du Sud, en partie pour tenter de contraindre les deux pays à modifier leur comportement et pour contrecarrer la politique de fermeté du président sud-coréen Yoon Suk-yeol à l'égard du Nord.
- La Corée du Nord s'engagera de plus en plus dans des activités illicites, notamment le cyber-vol, le déploiement de main-d'œuvre et l'importation et l'exportation de marchandises interdites par les Nations unies, afin de financer les priorités du régime telles que le programme d'armes de destruction massive (ADM).

ARMES DE DESTRUCTION MASSIVE

Kim Jong-un demeure déterminé à élargir l'arsenal nucléaire du pays et à maintenir les armes nucléaires comme pièce maîtresse de sa stratégie sécuritaire.

- En mars 2023, Kim a ordonné l'augmentation du stock d'armes nucléaires et le développement de la production de matières nucléaires de qualité mili-

taire. La Corée du Nord a également dévoilé une ogive nucléaire tactique présumée et a affirmé qu'elle pouvait être montée sur au moins huit vecteurs, dont un véhicule sous-marin sans pilote et des missiles de croisière.
- La Corée du Nord est prête à reprendre les essais nucléaires sur le site de Pungyye depuis la mi-2022.

Les capacités de la Corée du Nord en matière d'armes chimiques et biologiques représentent toujours une menace, et la communauté du renseignement craint que Pyongyang ne fasse usage de telles armes au cours d'un conflit ou dans le cadre d'une attaque non conventionnelle ou clandestine.

CAPACITÉS MILITAIRES

L'armée nord-coréenne constituera une menace sérieuse pour les États-Unis et leurs alliés en continuant à investir dans des capacités de niche qui offrent à Kim Jong-un un éventail d'options pour dissuader toute intervention extérieure, compenser les effets négatifs durables de la guerre froide et améliorer les conditions de vie des populations. Kim reste fermement déterminé à développer des capacités destinées à défier la défense antimissile régionale, à diversifier les options de lancement d'ogives nucléaires et à renforcer les capacités de seconde frappe.

- La Corée du Nord s'efforce de développer ses capacités conventionnelles, bien que les essais et la mise en service se fassent à un rythme plus lent que les développements de la force de missiles, compte tenu des priorités et des contraintes systémiques en matière de ressources. En 2023, la Corée du Nord a présenté de nouveaux systèmes de drones qui semblent similaires aux systèmes américains MQ-9

Reaper et Global Hawk, bien que la capacité technique soit probablement limitée par rapport aux systèmes américains.

Pour soutenir le développement de ces nouveaux systèmes de missiles, la Corée du Nord continue d'importer, en violation des sanctions de l'ONU, de multiples biens et technologies à double usage (ici un usage civil susceptible d'être détourné à des fins militaires), provenant majoritairement de Chine et de Russie.

- En 2023, la Corée du Nord a lancé son sous-marin lanceur de missiles balistiques après des années de modification d'un vieux sous-marin de classe Roméo. Kim a fait part de son intention de convertir d'autres sous-marins pour une mission similaire.
- En janvier 2024, Pyongyang a lancé un nouveau missile à propergol solide qu'il prétend être un missile balistique de portée intermédiaire équipé d'un véhicule de rentrée hypersonique manœuvrable.
- En 2023, la Corée du Nord a lancé trois SLV, deux ont échoué et le troisième a placé avec succès un satellite en orbite.
- En 2023, la Corée du Nord a procédé à cinq essais en vol de ses ICBM, notamment les ICBM à propergol liquide Hwasong-15 et Hwasong-17, ainsi que son nouvel ICBM à propergol solide, le Hwasong-18.

CYBER

Le cyberprogramme de la Corée du Nord pose une menace complexe en matière d'espionnage, de cybercriminalité et d'attaques. Pyongyang a décuplé ses forces cybernétiques, désormais capables d'exécuter une série d'objectifs stratégiques contre diverses cibles, y compris un large ensemble de cibles aux États-Unis et en Corée du Sud.

Le programme cybernétique de la Corée du Nord continue de s'adapter aux évolutions de la cybercriminalité à l'échelle mondiale en organisant des vols de crypto- monnaie, en diversifiant sa gamme d'opérations cybernétiques sur le plan financier et en continuant à tirer profit des techniques d'ingénierie sociale avancées.

DÉFIS

Si la Corée du Nord a réussi à surmonter les effets de la pandémie et de l'isolement extrême qu'elle s'est imposé, à long terme, Kim devra trouver un équilibre entre son désir de contrôle absolu de l'État et sa volonté d'enrayer la propagation de l'épidémie avec l'impact négatif sur le bien-être économique de son pays. Le régime de Kim a donné la priorité à la recentralisation de l'autorité sur la population et l'économie, avec des mesures de répression brutales et une mauvaise gestion de l'agriculture qui aggravent probablement les conditions de vie. Le régime nord-coréen craint depuis longtemps de perdre le contrôle de sa population et tente de faire reculer les niveaux relativement modestes d'activité économique privée qui ont vu le jour depuis les années 1990 et d'assurer la domination de l'État sur la vie quotidienne.

- La campagne de recentralisation du régime vise à assurer la survie à long terme de la famille Kim. Son intensité découle de l'effondrement des autres dictatures communistes au cours des années 1990, où l'érosion progressive de l'autorité et l'infiltration d'idées étrangères ont fini par miner l'État. La répression restreint les moyens de subsistance et favorise l'inefficacité des contrôles de l'État, ce qui contribue aux pénuries alimentaires et à un certain déclin de l'ordre civil, en particulier de la criminalité violente.

CONFLITS ET FRAGILITÉ

Le risque de conflits interétatiques et de troubles intérieurs dans d'autres pays du monde continue également à poser des problèmes pour la sécurité nationale des États-Unis, à la fois directement et sous forme de menaces pour nos alliés et partenaires. La montée des tensions et de l'instabilité à partir de ces points chauds peut être exacerbée par l'intensification de la concurrence mondiale entre les puissances, compte tenu de la complexité et de l'interconnexion du paysage sécuritaire. Les conflits, en particulier ceux qui perturbent les flux mondiaux de commerce et d'investissement, peuvent entraîner une hausse des prix de l'énergie et une fragilité économique accrue, même dans les pays qui ne sont pas directement impliqués ou qui sont très éloignés du conflit. Par exemple, le tourisme, qui est une source importante de devises pour l'Égypte, la Jordanie et le Liban, a fortement chuté depuis le début du conflit à Gaza et les perturbations des exportations de denrées alimentaires ukrainiennes en 2022 ont contribué à accroître la hausse des prix des denrées au niveau mondial. Les conflits régionaux et localisés ont des répercussions considérables et parfois en cascade non seulement sur les pays voisins, mais aussi sur le monde entier. En plus d'illustrer ce phénomène, le conflit en cours à Gaza met également en évidence le potentiel de débordement vers des conflits plus vastes et plus dangereux.

CONFLIT DE GAZA

L'attaque du Hamas contre Israël en octobre 2023 et la riposte militaire d'Israël à Gaza ont accru les tensions dans toute la région, les affiliés et partenaires iraniens menant des attaques anti-américaines et anti-israéliennes, à la fois pour soutenir le Hamas et pour faire pression sur les États-Unis. La couverture médiatique des destructions et des pertes en vies humaines est amplifiée par des campagnes actives sur les médias sociaux de toutes parts, ce qui trouble les réactions du public dans les pays voisins et dans le monde entier. Israël sera confronté à une pression internationale croissante en raison de la situation humanitaire désastreuse dans la bande de Gaza, et les attaques soutenues par l'Iran mettront en péril la stabilité du Liban, de l'Irak, du Golfe et de la mer Rouge. Le risque d'escalade vers un conflit interétatique direct, intentionnel ou non, reste élevé.

- Le conflit de Gaza pose un défi à de nombreux partenaires arabes clés, qui sont confrontés au sentiment public contre Israël et les États-Unis pour les morts et destructions à Gaza, mais qui considèrent également les États-Unis comme le courtier en puissance le mieux placé pour dissuader toute nouvelle agression et mettre fin au conflit avant qu'il ne s'étende plus profondément dans la région.

Israël et l'Iran tentent de calibrer leurs actions l'un contre l'autre afin d'éviter une escalade vers un conflit direct à grande échelle. Nous estimons que les dirigeants iraniens n'ont pas orchestré l'attaque du Hamas contre Israël et n'en avaient pas connaissance à l'avance.

Depuis octobre 2023, l'Iran a encouragé et permis à ses différents affiliés et partenaires – notamment le Hezbollah, les groupes soutenus par l'Iran en Irak et en Syrie, et les Houthis au Yémen – de mener des frappes contre les intérêts israéliens ou américains dans la région.

- Le Hezbollah dose cette pression sur Israël à partir du nord tout en essayant d'éviter une guerre plus large qui dévasterait le Hezbollah et le Liban. Cependant, les dirigeants du Hezbollah envisageront probablement une série d'options de représailles en fonction des actions d'Israël au Liban au cours de l'année à venir.
- En Irak, il est presque certain que les milices alignées sur l'Iran poursuivront leurs attaques contre les forces américaines en Irak et en Syrie.
- La poursuite par les Houthis des attaques de missiles balistiques, de missiles de croisière et de drones contre les navires marchands transitant par la mer Rouge, qui perturbent le trafic maritime international, et contre Israël, crée un risque réel d'escalade plus large.

Al-Qaïda et ISIS, inspirés par l'attaque du Hamas contre Israël, ont demandé à leurs partisans de mener des attaques contre les intérêts israéliens et américains. L'attentat du Hamas encourage les individus à commettre des actes de terreur antisémites et islamophobes dans le monde entier et les incite à tirer parti de la situation critique des Palestiniens pour recruter et inspirer des attentats. Le Mouvement de résistance nordique – une organisation néo-nazie transnationale – a publiquement fait l'éloge de l'attentat, ce qui illustre l'attrait du conflit pour toute une série d'acteurs de la menace.

Concernant Gaza, Jérusalem reste concentrée sur la destruction du Hamas, que sa population soutient largement. En outre, Israël devra probablement faire face à une résistance armée persistante de la part du Hamas pendant des années, et l'armée aura du mal à neutraliser l'infrastructure souterraine du Hamas, qui permet aux insurgés de se cacher, de reprendre des forces et de surprendre les forces israéliennes.

Les structures de gouvernance et de sécurité à Gaza et en Cisjordanie ainsi que la résolution de la situation humanitaire à Gaza et la reconstruction seront des éléments clés des relations israélo-palestiniennes à long terme.

- Le Premier ministre israélien, Benyamin Netanyahou, a publiquement déclaré son opposition à une diplomatie d'après-guerre avec l'Autorité palestinienne (AP) en vue d'un compromis territorial.
- La viabilité de M. Netanyahou en tant que dirigeant ainsi que sa coalition gouvernementale de partis d'extrême droite et ultraorthodoxes qui ont mené des politiques dures sur les questions palestiniennes et de sécurité pourraient être menacées.
- La méfiance à l'égard de la capacité de Netanyahou à gouverner s'est approfondie et élargie à l'ensemble de la population par rapport aux niveaux déjà élevés d'avant la guerre, et nous nous attendons à d'importantes manifestations exigeant sa démission et de nouvelles élections. Un gouvernement différent, plus modéré, est envisageable.

L'animosité persistante entre le Hamas et l'AP sera un facteur dans les résultats de la gouvernance, tout comme le large soutien populaire du Hamas. Les décisions d'Israël quant à la manière de traiter la bande de Gaza après sa campagne, ainsi que l'ampleur et la portée de son soutien à l'Autorité palestinienne, joueront également un rôle déterminant.

CONFLIT INTERÉTATIQUE POTENTIEL

Les conflits interétatiques peuvent avoir des répercussions en cascade sur la sécurité, l'économie et l'aide humanitaire à l'échelle régionale, voire mondiale. Voici quelques-uns des conflits potentiels entre États qui pourraient avoir des répercussions nécessitant l'attention immédiate des États-Unis.

Chine maritime

Les efforts déployés par Pékin pour tenter d'affirmer sa souveraineté sur les îles des mers de Chine méridionale et orientale se traduiront par une tension élevée et persistante entre la RPC et ses concurrents voisins et multiplieront les risques d'erreur de calcul, même si Pékin préfère probablement éviter un conflit direct. Pékin maintient une présence maritime à proximité des zones contestées, et ses bases militaires dans les îles Spratly permettent une présence soutenue dans les zones contestées et fournissent la capacité de réagir rapidement aux crises dans la mer de Chine méridionale.

- En 2023, les gardes-côte de la RPC ont utilisé des canons à eau et des barrières flottantes pour bloquer l'accès des Philippins aux zones contestées de la mer de Chine méridionale. Les collisions de la RPC avec des navires de ravitaillement philippins ont attiré l'attention des médias, qui ont souligné les comportements agressifs de la Chine. Il est peu probable que Manille renonce à son avant-poste sur le banc Second Thomas, ce qui multiplie les possibilités d'escalade involontaire de la part de l'une ou l'autre partie.

- Les tensions entre la Chine et le Japon au sujet des îles Senkaku ont éclaté pour la dernière fois il y a dix ans. Depuis lors, les navires chinois sont constamment restés à proximité des îles contestées, pénétrant occasionnellement dans la zone territoriale et entraînant des réactions de la part des forces d'autodéfense japonaises pour surveiller l'activité.

Inde-Chine

La frontière commune contestée entre l'Inde et la Chine continuera de peser sur leurs relations bilatérales. Bien que les deux parties ne se soient pas engagées dans d'importants affrontements transfrontaliers depuis 2020, elles maintiennent d'importants déploiements de troupes, et les rencontres sporadiques entre les forces opposées risquent d'entraîner des erreurs de calcul et une escalade vers un conflit armé.

Inde-Pakistan

New Delhi et Islamabad sont enclins à maintenir le calme fragile actuel dans leurs relations suite au renouvellement d'un cessez-le-feu le long de la ligne de contrôle au début de l'année 2021. Cependant, aucune des deux parties n'a profité de cette période d'accalmie pour reconstruire ses liens bilatéraux, car chaque gouvernement s'est concentré sur des priorités intérieures plus pressantes, notamment les élections et la campagne électorale et, pour le Pakistan, les préoccupations liées à la hausse des attaques de militants dans l'ouest du pays. La longue histoire du Pakistan en matière de soutien aux groupes militants anti-indiens et la volonté accrue de l'Inde, sous la direction du Premier ministre Narendra Modi, de répondre par la force militaire aux provocations pakistanaises perçues ou réelles augmentent le risque d'escalade en cas de crise. Il est toujours possible qu'un événement déclenche une escalade rapide.

Azerbaïdjan-Arménie

Les relations entre l'Arménie et l'Azerbaïdjan resteront probablement tendues, mais la reprise par l'Azerbaïdjan du Haut-Karabakh (N-K) a réduit la volatilité, et une confrontation militaire serait probablement limitée en durée et en intensité. Néanmoins, l'absence de traité de paix bilatéral, la proximité de leurs forces militaires, l'absence de mécanisme d'application du cessez-le-feu et la volonté de l'Azerbaïdjan d'utiliser une pression militaire calibrée pour faire avancer ses objectifs dans les pourparlers avec l'Arménie persisteront. En outre, la transition de la gouvernance du Haut-Karabakh des Arméniens aux Azerbaïdjanais et la demande de l'Azerbaïdjan d'accéder à un corridor terrestre reliant l'Azerbaïdjan à son exclave augmenteront le risque de confrontation armée.

- En septembre 2023, l'Azerbaïdjan a lancé une opération militaire qui a conduit à la défaite de la force d'autodéfense du N-K et à la reddition des autorités *de facto* du N-K. L'exode rapide de la majeure partie de la population d'origine arménienne de la région et l'autodissolution prévue du gouvernement a permis à Bakou de faire avancer les projets d'intégration de la région à l'Azerbaïdjan, retirant de fait cette question de longue date de l'agenda de paix bilatéral.

CONFLITS INTERNES

Les troubles internes, qu'ils soient dus à des troubles intérieurs, à un mécontentement économique ou à des problèmes de gouvernance, peuvent alimenter des cycles de violence, des insurrections et des conflits internes. Les défis sont souvent liés à la baisse des performances socio-économiques, à la corruption endémique, aux bouleversements démographiques, aux pressions exercées par le changement climatique et à la propagation d'idéologies extrémistes par des groupes terroristes et insurgés. Au cours de la dernière décennie, l'érosion de la démocratie dans le monde, les tensions dans les alliances américaines et la remise en cause des normes internationales ont rendu plus difficile la tâche des États-Unis et de leurs alliés pour s'attaquer aux problèmes mondiaux, tout en offrant aux gouvernements et aux groupes voyous de plus grandes possibilités d'agir en toute impunité. Nous présentons ci-dessous quelques exemples susceptibles d'avoir un impact plus important sur la sécurité mondiale et de nécessiter une action de la part des États-Unis, de leurs alliés et de leurs partenaires.

Les Balkans

Les Balkans occidentaux seront probablement confrontés à un risque accru de violence interethnique localisée au cours de l'année 2024. Les dirigeants nationalistes sont susceptibles d'exacerber les tensions pour leur avantage politique et les acteurs extérieurs renforceront et exploiteront les différences ethniques pour accroître ou protéger leur influence régionale ou contrecarrer une plus grande intégration des Balkans dans l'UE ou les institutions euro-atlantiques.

- Les affrontements entre les nationalistes serbes et les autorités kosovares ont fait des morts et des blessés, dont des soldats de la paix de l'OTAN, en 2023.
- Le chef des Serbes de Bosnie, Milorad Dodik, prend des mesures provocatrices pour neutraliser la surveillance internationale en Bosnie et assurer la sécession *de facto* de sa Republika Srpska. Son action pourrait inciter les dirigeants de la population bosniaque (musulmane de Bosnie) à renforcer leur propre capacité à protéger leurs intérêts et

éventuellement conduire à des conflits violents qui pourraient submerger les forces de maintien de la paix.

Afghanistan

Le régime taliban continuera à donner la priorité à l'application du régime théocratique et à la consolidation du pouvoir plutôt qu'à la construction d'un État moderne, contribuant ainsi aux faiblesses économiques structurelles de l'Afghanistan et à la crise humanitaire persistante.

Les talibans continuent à mettre en œuvre des mesures restrictives, à infliger des châtiments publics, à réprimer les manifestations et à empêcher la plupart des femmes et des jeunes filles de fréquenter l'école secondaire et l'université. Toutefois, les perspectives à court terme d'une résistance menaçant le régime restent faibles, car de larges pans de la population afghane sont las de la guerre et craignent les représailles des talibans, et les reliquats armés manquent d'un leadership fort et d'un soutien extérieur.

- Les puissances régionales continueront à s'efforcer de contenir les problèmes en Afghanistan et chercheront à conclure des accords transactionnels avec les talibans, tout en faisant preuve de prudence face aux demandes de reconnaissance officielle de ces derniers.

Soudan

Un conflit prolongé augmente les risques de propagation au-delà des frontières du Soudan, d'entrée en scène d'acteurs extérieurs et de mort et de déplacement de civils. Les forces armées soudanaises et les forces de soutien rapide continuent de se battre parce que leurs dirigeants estiment qu'ils peuvent atteindre leurs objectifs en l'absence d'une cessation négociée des hostilités. Situé au carrefour de la Corne de l'Afrique, du Sahel et de l'Afrique du

Nord, le Soudan pourrait redevenir un environnement idéal pour les réseaux terroristes et criminels.

Les forces de sécurité soudanaises en guerre pourraient recevoir davantage de soutien militaire étranger, ce qui risque d'entraver les progrès des futurs pourparlers de paix. Toute implication accrue d'un acteur extérieur pourrait inciter d'autres acteurs à lui emboîter rapidement le pas.

Éthiopie

L'Éthiopie est en proie à de multiples conflits internes simultanés, ce qui accroît les tensions interethniques et le risque d'atrocités à l'encontre des civils. Un nouveau conflit est apparu dans l'État régional d'Amhara en avril 2023, lorsque le gouvernement éthiopien a affronté les milices Amhara et que les combats ont persisté tout au long de l'année. Bien que l'accord de cessation des hostilités conclu en novembre 2022 entre le gouvernement éthiopien et les Tigréens ait mis fin à une guerre de deux ans, des questions territoriales non résolues pourraient entraîner une reprise du conflit.

Le Sahel

Depuis 2020, le Sahel a connu sept transferts de pouvoir irréguliers parce que les dirigeants n'ont pas réussi à remédier à la mauvaise gouvernance et aux griefs de la population ou à doter leurs armées de ressources suffisantes pour mener à bien leurs missions. Cette agitation augmente la probabilité que ces crises se métastasent et se propagent aux pays voisins de l'Afrique de l'Ouest côtière en 2024. De nombreux gouvernements de l'Afrique de l'Ouest côtière sont confrontés à des coups d'État potentiels en raison de tensions civiles et militaires persistantes, du mécontentement croissant de la population face à leur incapacité à améliorer la gouvernance et le niveau de vie, et de l'augmentation du nombre de partenaires étrangers prêts à tolérer un régime militaire pour se concentrer sur des intérêts sécuritaires étroits. Les futurs putschistes estimeront très probablement que la concurrence entre les grandes puissances créera l'espace nécessaire pour faire face aux retombées internationales.

- La Russie a profité de façon opportuniste des troubles intérieurs, offrant un soutien rhétorique et, dans certains cas, substantiel à ceux qui cherchent à renverser les régimes.
- La multiplication des crises commence à ébranler les institutions régionales, entravant ainsi leur capacité à élaborer des réponses efficaces en matière de sécurité régionale. En 2023, les juntes du Burkina Faso, du Mali et du Niger ont formé une alliance distincte pour contrer la pression de la Communauté économique des États de l'Afrique de l'Ouest (CEDEAO), qui est historiquement l'un des organismes les plus cohérents dans sa tentative de faire respecter les normes anti-coup d'État dans la région.
- Plusieurs partenaires occidentaux se concentrent sur les intérêts sécuritaires fondamentaux dans la région – tels que l'endiguement des flux migratoires, l'endiguement des rivaux géopolitiques et les gains du TC – au détriment d'un soutien à plus long terme à la démocratie et à la gouvernance.

Haïti

Les conditions resteront imprévisibles, car les institutions gouvernementales faibles perdent leur emprise sur le pouvoir pour gangrener le contrôle territorial, en particulier dans la capitale Port-au-Prince. À cela s'ajoutent l'érosion de l'économie et des infrastructures, ainsi qu'une situation humanitaire de plus en plus désastreuse. Les gangs seront plus enclins à résister violemment au déploiement d'une force nationale étrangère en Haïti, car ils la percevront comme une menace partagée pour leur contrôle et leurs opérations.

- Les principaux chefs de gangs haïtiens, tels que Jimmy « Barbecue » Chérizier, chef du G-9, et Vitelhomme Innocent, chef du Kraze Barye, ont appelé au renversement du gouvernement du Premier ministre Ariel Henry.
- La police nationale haïtienne n'a pas été en mesure de lutter contre la violence des gangs et a été confrontée à des problèmes de ressources, de corruption et de formation limitée.

Venezuela

Le président vénézuélien contesté Nicolas Maduro conservera une solide emprise sur le pouvoir et il est peu probable qu'il perde l'élection présidentielle de 2024 en raison de son contrôle des institutions de l'État qui influencent le processus électoral et de sa volonté d'exercer son pouvoir. L'opposition, qui a souvent été divisée, occupe peu de postes publics d'influence.

- Le soutien de la Chine, de l'Iran et de la Russie aide le régime de Maduro à échapper aux sanctions.
- Jusqu'à présent, le régime a interdit aux principaux candidats de l'opposition d'exercer des fonctions publiques, a limité la couverture médiatique des politiciens de l'opposition et a placé des alliés proches au sein du Conseil électoral national pour garantir la victoire de M. Maduro tout en essayant d'éviter les fraudes électorales flagrantes.

Plus de 7,7 millions de Vénézuéliens ont quitté le pays depuis 2017, dont 6,5 millions vivent en Amérique latine et dans les Caraïbes. L'émigration vénézuélienne vers la région et les États-Unis devrait rester élevée tout au long de l'année prochaine, car le manque d'opportunités économiques devrait persister.

- Plus de 80 % des Vénézuéliens ont des revenus inférieurs au seuil de pauvreté et une croissance économique faible ne suffirait pas à sortir la plupart d'entre eux de la pauvreté ou à atténuer les facteurs de migration.

QUESTIONS TRANSNATIONALES

Les menaces transnationales interagissent dans un système complexe avec des menaces plus traditionnelles comme la concurrence entre grandes puissances, se renforçant souvent les unes les autres et créant des risques cumulatifs et en cascade pour la sécurité nationale américaine. Les interconnexions croissantes entre les pays – des chaînes d'approvisionnement aux réseaux sociaux – sont également à l'origine de nouvelles possibilités d'ingérence et de conflit transnationaux. Le développement rapide des technologies, l'extension de la répression au-delà des frontières physiques, les menaces posées par la criminalité organisée transnationale et le terrorisme, ainsi que les effets sociétaux des migrations internationales, sont autant de défis clairs et directs.

ESPACES CONTESTÉS

Évolution des technologies

De nouvelles technologies – en particulier dans les domaines de l'intelligence artificielle et de la biotechnologie – sont développées et prolifèrent plus rapidement que les entreprises et les gouvernements ne peuvent établir des normes, protéger la vie privée et prévenir des conséquences dangereuses. La convergence des technologies émergentes pourrait mener à la mise au point de technologies potentiellement révolutionnaires, impossibles à anticiper par l'étude des domaines scientifiques et technologiques niches, ce qui pourrait conduire au développement rapide de menaces asymétriques pour les citoyens et les entreprises.

Par exemple, la technologie de la furtivité (*stealth technology*) a eu un impact significatif sur les systèmes de défense conventionnels et a incité divers pays à lancer un nouveau cycle de recherche sur les systèmes de détection et les armes guidées. L'une des principales tendances est le développement de matériaux avancés dotés de technologies de furtivité améliorées et de propriétés de réflexion et d'absorption réduites.

Les progrès de l'IA et les nouveaux modèles d'apprentissage automatique font entrer l'IA dans l'ère industrielle, avec des impacts économiques potentiellement considérables pour les gagnants comme pour les perdants, et des conséquences inattendues – des *deepfakes* et de la désinformation endémique au développement de virus informatiques générés par l'IA ou de nouvelles armes chimiques. L'IA générative est un moyen de découvrir et de concevoir de nouvelles technologies et des processus avancés au niveau des systèmes qui pourraient renforcer la compétitivité technologique, économique et, plus largement, stratégique d'un pays.

- La Chine s'intéresse à l'IA pour les villes intelligentes, la surveillance de masse, les soins de santé, la découverte de médicaments et les plateformes d'armes intelligentes. Les entreprises chinoises spécialisées dans l'IA sont déjà des leaders mondiaux dans les domaines de la reconnaissance de la voix et de l'image, de l'analyse vidéo et des technologies de surveillance de masse.

- Les chercheurs du PRC considèrent l'application de l'IA générative à la découverte de médicaments comme « révolutionnaire ». En moyenne, il faut plus de dix ans et des milliards de dollars pour mettre au point un nouveau médicament. L'IA peut rendre la découverte de médicaments plus rapide et moins coûteuse en utilisant des modèles d'apprentissage automatique pour prédire comment les médicaments potentiels peuvent se comporter dans le corps et réduire la nécessité d'un travail de laboratoire minutieux sur des composés sans avenir.
- La Russie utilise l'IA pour créer des *deepfakes* et développe la capacité de tromper les experts. Les personnes vivant dans des zones de guerre et des environnements politiques instables peuvent constituer des cibles de grande valeur pour ce type d'influence malveillante.

Les innovateurs en biologie synthétique contrôleront probablement de nouvelles applications militaires et commerciales et détiendront des billions de dollars en capacité de production, y compris des chaînes d'approvisionnement pour des produits allant des semences résistantes aux maladies aux métaux en passant par les produits pharmaceutiques.

- Les pays, tels que la Chine et les États-Unis, qui sont à l'avant-garde des percées biotechnologiques dans des domaines tels que la médecine de précision, la biologie synthétique, le *big data* et les matériaux biomimétiques, ne stimuleront pas seulement la croissance de l'industrie, mais aussi la concurrence internationale et exerceront une influence substantielle sur l'économie mondiale pendant des générations.

Autoritarisme numérique et influence malveillante

Les États étrangers développent des moyens numériques et physiques pour réprimer les critiques individuels et les communautés de la diaspora à l'étranger, y compris aux États-Unis, afin de limiter leur influence sur les opinions publiques nationales. Les États sont également de plus en plus sophistiqués dans leurs opérations d'influence numérique qui tentent d'influencer les opinions des publics étrangers, de faire basculer les perspectives des électeurs, de modifier les politiques et de créer des bouleversements sociaux et politiques. Les technologies numériques sont devenues un élément essentiel de la panoplie répressive de nombreux gouvernements, alors même qu'ils continuent à se livrer à des actes physiques de répression transnationale, notamment des assassinats, des enlèvements, des abus de mandats d'arrêt et des actes d'intimidation familiale. La Chine est probablement le principal auteur d'actes physiques de répression transnationale.

- Au cours des prochaines années, les gouvernements sont susceptibles d'exploiter des technologies nouvelles et plus intrusives – y compris l'IA générative – à des fins de répression transnationale. Entre 2011 et 2023, au moins 74 pays ont passé des contrats avec des entreprises privées pour obtenir des logiciels espions commerciaux, que les gouvernements utilisent de plus en plus pour cibler les dissidents et les journalistes.
- Des expatriés chinois ont été accusés de fausses alertes à la bombe dans des pays du monde entier, ce qui a donné lieu à des enquêtes de la police locale, à la révocation de visas, à l'inscription sur des listes noires de voyageurs et parfois à la détention, comme moyen de harceler les dissidents à l'étranger. La Chine cherchera probablement aussi à maintenir

ses bureaux de sécurité publique, également connus sous le nom de «postes de police à l'étranger», pour surveiller et réprimer la diaspora chinoise.

Prolifération nucléaire

- L'expansion des stocks d'armes nucléaires et de leurs vecteurs, associée à la multiplication des conflits régionaux impliquant des États dotés d'armes nucléaires, constitue un défi de taille dans la lutte contre la dissémination et l'utilisation des armes nucléaires. La mobilisation pour le contrôle des armements jusqu'en 2035 changera probablement de portée et se fera plus complexe à mesure qu'augmenteront le nombre d'armes stratégiques et les pays les possédant.
- La Chine et la Russie cherchent à assurer la stabilité stratégique avec les États-Unis par la croissance et le développement d'une série de capacités d'armement, y compris des armes non traditionnelles destinées à vaincre ou à éviter les défenses antimissiles américaines. La Corée du Nord continue de menacer de procéder à un septième essai nucléaire et l'éventualité d'un regain de tension entre le Pakistan et l'Inde pourrait accroître le risque d'escalade nucléaire.

Armes chimiques

L'utilisation d'armes chimiques, en particulier dans des situations autres que des opérations militaires entre États, pourrait augmenter dans un avenir proche. Au cours de la dernière décennie, des acteurs étatiques et non étatiques ont utilisé des agents de guerre chimique dans toute une série de scénarios, notamment l'utilisation par l'armée syrienne de chlore et de sarin contre des groupes d'opposition et des civils, et l'utilisation par la Corée du Nord et la Russie d'agents chimiques dans le cadre d'assassinats ciblés. D'autres acteurs étatiques pourraient utiliser des produits chimiques dans le cadre d'opérations contre des dissidents, des transfuges et d'autres ennemis présumés de l'État, contre des manifestants sous prétexte de réprimer des troubles intérieurs, ou encore contre leurs propres populations civiles ou réfugiées.

Armes biologiques

Les agents biologiques actuels et les progrès rapides de la biotechnologie soulignent la nature diverse et dynamique des menaces biologiques délibérées. Les progrès rapides de la technologie à double usage, comme la bio-informatique, la biologie synthétique, les nanotechnologies et la modification du génome, pourraient permettre le développement de nouvelles armes biologiques qui compliquent la détection, l'attribution et le traitement.

- La Russie, la Chine, l'Iran et la Corée du Nord conservent probablement la capacité de produire et d'utiliser des agents pathogènes et des toxines, et la Chine et la Russie se sont révélées habiles à manipuler l'espace d'information pour réduire la confiance dans les contre-mesures, la biotechnologie et la recherche mondiale.

DOMAINES PARTAGÉS

Le changement climatique et la dégradation de l'environnement

Les risques pour les intérêts de sécurité nationale des États-Unis augmentent à mesure que les effets physiques du changement climatique et environnemental se croisent avec les tensions géopolitiques et les vulnérabilités de certains systèmes mondiaux. Les catastrophes liées au climat dans les pays à faible revenu aggraveront les difficultés économiques, augmenteront le risque de conflits intercommunautaires pour des ressources limitées et accroîtront le besoin d'aide humanitaire et financière.

- Les catastrophes liées au climat et les pertes économiques dans les pays à faible revenu devraient continuer à contribuer aux migrations transfrontalières.
- La concurrence pour l'accès et les ressources économiques dans l'Arctique, à mesure que la glace de mer recule, augmente le risque d'erreur de calcul des frontières, en particulier dans un contexte de tension militaire entre la Russie et les sept autres pays possédant un territoire dans l'Arctique.
- Les phénomènes météorologiques liés à El Niño, combinés aux effets du changement climatique et aux vulnérabilités préexistantes des infrastructures essentielles, aggravent l'exposition des populations aux inondations, à la sécheresse, aux vagues de chaleur et aux tempêtes intenses. Ces phénomènes devraient réduire la croissance économique mondiale, entraînant une perte de PIB de plus de 3 000 milliards de dollars pour le reste de la décennie.
- Les sécheresses réduisent la capacité de transport et la production d'énergie en Amérique centrale, en Chine, en Europe et aux États-Unis, et les pertes d'assurance dues aux catastrophes ont augmenté de 250 % au cours des 30 dernières années.
- Les effets des changements climatiques sur les principaux exportateurs de produits agricoles et sur les grandes zones agricoles locales pourraient accroître la pression sur les systèmes alimentaires dans les régions vulnérables d'Afrique, d'Amérique latine et d'Asie du Sud. Les stocks de poissons durables dont dépendent certaines populations côtières diminuent en raison de l'augmentation de la température des océans et de la surpêche, en

particulier de la pêche illicite, non déclarée et non réglementée (INN).

L'intensification des effets du changement climatique, combinée aux phénomènes météorologiques El Niño, est susceptible d'exacerber les risques pour la santé humaine, principalement, mais pas exclusivement, dans les pays à revenu faible et intermédiaire. L'augmentation des températures des terres et des océans, la modification des régimes de précipitations et la fréquence accrue des phénomènes météorologiques violents sont susceptibles de se conjuguer avec la dégradation de l'environnement, la pollution et la mauvaise gestion des ressources pour aggraver l'insécurité alimentaire et hydrique, la malnutrition et les épidémies.

SÉCURITÉ SANITAIRE

MALADIES INFECTIEUSES ET IMPACT DE LA PANDÉMIE DE COVID-19

Les lacunes des systèmes de santé nationaux, la méfiance du public, la désinformation médicale et l'érosion de la gouvernance mondiale en matière de santé entraveront la capacité des pays à répondre aux menaces sanitaires. Les pays restent vulnérables à l'introduction d'un nouvel agent pathogène ou d'un agent pathogène réémergent qui pourrait provoquer une nouvelle pandémie dévastatrice.

- La pénurie annoncée d'au moins 10 millions de travailleurs de la santé d'ici 2030 se produira principalement dans les pays à revenu faible ou intermédiaire.
- La gouvernance mondiale de la santé et l'adhésion aux protocoles sanitaires des Nations unies pourraient s'éroder au cours de l'année à venir en raison du mépris persistant des gouvernements pour les institutions et les normes internationales en matière de santé et de l'ingérence des adversaires dans les initiatives mondiales en matière de santé.
- Les facteurs d'émergence des maladies infectieuses sont en augmentation, notamment la déforestation, l'exploitation et le commerce des espèces sauvages, la production alimentaire de masse et l'absence de consensus international sur les normes de biosécu-

rité. Ces facteurs sont aggravés par des facteurs qui facilitent la propagation à l'échelle mondiale, tels que les voyages et le commerce internationaux, l'insuffisance de la surveillance et du contrôle des maladies au niveau mondial, l'affaiblissement des systèmes de santé, la méfiance du public et la désinformation médicale.

- D'importantes épidémies de grippe aviaire hautement pathogène, de choléra, de dengue, d'Ebola, de variole du singe et de poliomyélite ont mis à rude épreuve les systèmes mondiaux et nationaux de détection et de lutte contre les maladies, grevant encore davantage la capacité de la communauté internationale à faire face aux situations d'urgence sanitaire.

NOTRE ÉVALUATION DES ORIGINES DU COVID-19

Nous continuons d'étudier comment le SRAS-CoV-2, le virus responsable du Covid-19, a infecté l'homme pour la première fois. Toutes les agences estiment que deux hypothèses sont plausibles : une exposition naturelle à un animal infecté et un incident associé à un laboratoire.

- Le National Intelligence Council et quatre autres agences de renseignement estiment que la première infection humaine par le SRAS-CoV-2 a très probablement été causée par une exposition naturelle à un animal infecté porteur du SRAS-CoV-2 ou d'un progéniteur proche, un virus qui serait probablement similaire à plus de 99 % au SRAS-CoV-2. Le ministère de l'Énergie et le FBI estiment qu'un incident lié à un laboratoire est la cause la plus probable de la première infection humaine par le SRAS-CoV-2, mais pour des raisons différentes. La CIA et une autre agence restent incapables de déterminer l'origine précise de la pandémie de Covid-19, car les deux hypothèses reposent sur des suppositions importantes ou se heurtent à des difficultés liées à des rapports contradictoires.

- Pékin continue de résister au partage d'informations critiques et techniques sur les coronavirus et d'accuser d'autres pays, dont les États-Unis, d'être responsables de la pandémie.

INCIDENTS SANITAIRES ANORMAUX

Nous continuons à examiner de près les incidents sanitaires anormaux (AHI), en particulier dans les domaines que nous avons identifiés comme nécessitant des recherches et des analyses supplémentaires. La plupart des agences de renseignement ont conclu qu'il est très peu probable qu'un adversaire étranger soit responsable des AHI signalés. Nos agences ont des niveaux de confiance variables parce que nous avons encore des lacunes étant donné les défis que pose la collecte de données sur les adversaires étrangers – comme c'est le cas pour de nombreuses questions les concernant.

Nous avons identifié des hypothèses critiques concernant les premiers AHI signalés à Cuba entre 2016 et 2018, qui ont encadré la compréhension de ce phénomène, mais qui n'ont pas été confirmées par les analyses médicales et techniques ultérieures. À la lumière de ces éléments et des preuves qui s'écartent d'un adversaire étranger, d'un mécanisme de causalité ou de syndromes uniques liés aux AHI, nos agences évaluent que les symptômes signalés par le personnel américain étaient probablement le résultat de facteurs qui n'impliquaient pas d'adversaire étranger.

- Ces conclusions ne remettent pas en cause les expériences et les symptômes bien réels dont nos collègues et les membres de leurs familles ont fait état. Nous continuons à donner la priorité à notre travail sur ces incidents, en allouant des ressources et de l'expertise dans l'ensemble du gouvernement, en poursuivant plusieurs lignes d'enquête et en recherchant des informations pour combler les lacunes que nous avons identifiées.

MIGRATION

Les conflits, la violence, l'instabilité politique, les mauvaises conditions économiques et les catastrophes naturelles continueront à déplacer un nombre croissant de personnes à l'intérieur de leurs propres frontières nationales et au niveau international, ce qui mettra à rude épreuve la capacité des pays à absorber les nouveaux arrivants et celle des gouvernements à fournir des services et à gérer le mécontentement de la population. Il est très probable que l'hémisphère occidental continuera à soutenir des niveaux élevés de flux migratoires intrarégionaux, motivés par de mauvaises conditions socio-économiques et par l'insécurité, ainsi que par des facteurs d'attraction tels que les opportunités économiques, le regroupement familial et la perception des politiques d'immigration dans les pays d'accueil ou de transit.

- Le nombre de personnes déplacées à l'intérieur de leur pays en 2022 a été plus de trois fois supérieur à la moyenne des dix années précédentes. Les migrations irrégulières vers les pays à revenu élevé augmentent à mesure que plusieurs pays d'Afrique, d'Amérique latine et des Caraïbes connaissent des troubles politiques et des performances économiques médiocres.

- La répression politique et le manque d'opportunités économiques continueront à alimenter l'émigration cubaine, nicaraguayenne et vénézuélienne ; cependant, ces régimes continueront à blâmer les sanctions et les politiques américaines pour l'émigration irrégulière en provenance de leurs pays.
- Les modifications des exigences en matière de visa dans les pays de l'hémisphère occidental, telles que l'assouplissement par le Nicaragua des exigences pour les ressortissants d'Haïti, pourraient déclencher de nouvelles vagues de migration irrégulière à destination des États-Unis.

QUESTIONS RELATIVES AUX ACTEURS NON ÉTATIQUES

LA CRIMINALITÉ ORGANISÉE TRANSNATIONALE

Les organisations criminelles transnationales (TCO) menacent la sécurité publique des États-Unis et de leurs alliés, compromettent l'intégrité du système financier international et érodent l'État de droit dans les pays partenaires. Ces défis ont une incidence directe sur la sécurité nationale des États-Unis en favorisant les migrations irrégulières, en stimulant la criminalité et la violence et en faisant progresser les intérêts de certains adversaires des États-Unis.

Drogues illicites étrangères

Les organisations criminelles transnationales basées dans l'hémisphère occidental et impliquées dans la production et le trafic de drogues illicites à destination des États-Unis mettent en danger la santé et la sécurité de millions de personnes et contribuent à une crise sanitaire mondiale. Les drogues illicites telles que le fentanyl, l'héroïne, la méthamphétamine et la cocaïne d'origine sud-américaine contribuent toutes à la demande mondiale de drogues.

- Les organisations criminelles mexicaines sont les principaux producteurs et fournisseurs de drogues illicites sur le marché américain, notamment de fentanyl, d'héroïne, de méthamphétamine et de cocaïne d'origine sud-américaine.
- La Colombie et l'Équateur sont tous deux touchés par des niveaux record de production et de trafic de cocaïne vers les marchés internationaux, ce qui contribue à la demande mondiale de drogue, tout en alimentant la violence liée à la drogue à l'intérieur de leurs frontières.

Fentanyl

Le fentanyl illicite continuera de représenter une menace majeure pour la santé des Américains. En 2023, la majorité des plus de 100 000 décès annuels par overdose aux États-Unis sont attribués au fentanyl illicite, principalement fourni par des TCO basées au Mexique, alors même que les services répressifs américains ont saisi des quantités record de fentanyl illicite, de produits chimiques précurseurs et de matériel de pressage de pilules.

- Les TCO basées au Mexique sont les principaux producteurs de fentanyl illicite pour le marché américain, bien qu'il existe également des producteurs indépendants de fentanyl illicite, et la fragmentation des opérations liées au fentanyl a rendu les efforts de perturbation difficiles. Certains aspects de la production de fentanyl débordent aux États-Unis, où les trafiquants de drogue procèdent aux étapes finales du conditionnement ou du pressage des pilules de fentanyl.
- La Chine reste la principale source d'approvisionnement en produits chimiques précurseurs du fentanyl et en matériel de pressage de pilules. Les courtiers contournent les contrôles internationaux par des

envois mal étiquetés et l'achat de produits chimiques à double usage non réglementés. Toutefois, les TCO basées au Mexique s'approvisionnent également, dans une moindre mesure, en produits chimiques précurseurs auprès d'autres pays tels que l'Inde.

Blanchiment de capitaux et criminalité financière

Les TCO escroquent des particuliers, des entreprises et des programmes gouvernementaux, tout en blanchissant des milliards de dollars de produits illicites par l'intermédiaire d'institutions financières américaines. Leurs stratagèmes et tactiques de fraude varient largement. Les organisations criminelles transnationales utilisent régulièrement des sociétés écrans pour masquer leur identité et peuvent s'appuyer sur des blanchisseurs d'argent professionnels ou des gardiens, tels que des comptables, des avocats, des notaires et des courtiers en immobilier, pour accéder aux systèmes financiers légitimes.

- Les TCO s'appuient toujours sur des méthodes traditionnelles de blanchiment d'argent et sur des opérations de contrebande d'espèces en vrac pour rapatrier les produits de la drogue des États-Unis, tandis que certains blanchisseurs d'argent utilisent des transactions en cryptomonnaies.

Cybercriminalité

Les acteurs transnationaux organisés de rançonnage continuent d'améliorer et d'exécuter des attaques de rançonnage à fort impact, extorquant des fonds, perturbant des services critiques et exposant des données sensibles. Des services importants et des infrastructures critiques telles que les soins de santé, les écoles et l'industrie manufacturière ont continué à subir des attaques, dont une grande partie aux États-Unis. Toutefois, la faiblesse des cyberdéfenses, associée aux efforts de numérisation des économies, a fait des réseaux des pays à faible revenu des cibles attrayantes.

- L'émergence d'une infrastructure en ligne peu coûteuse et anonyme, combinée à la rentabilité croissante des *ransomwares*, a entraîné la prolifération, la décentralisation et la spécialisation des activités cybercriminelles. Ce système interconnecté a amélioré l'efficacité et la sophistication des attaques de *ransomware* tout en abaissant la barre technique d'entrée pour les nouveaux acteurs.
- Les organisations criminelles transnationales cessent parfois temporairement leurs activités en réponse à une attention particulière, à une action des forces de l'ordre ou à une perturbation de l'infrastructure, bien que les membres du groupe trouvent également des moyens de changer de nom, de se reconstituer ou de renouveler leurs activités.
- En l'absence d'une coopération en matière d'application de la loi de la part de la Russie ou d'autres pays qui offrent aux cybercriminels un refuge sûr ou un environnement permissif, les efforts d'atténuation resteront limités.

Saper l'État de droit

Les TCO et les bandes criminelles sapent l'État de droit en exploitant les réseaux de corruption, en commettant des actes de violence et en dominant les forces de sécurité régionales. Les TCO cooptent régulièrement des représentants de gouvernements étrangers en leur versant des pots-de-vin ou en les menaçant afin de créer un environnement opérationnel permissif et de cibler les fonctionnaires qui soutiennent des efforts plus soutenus en matière de lutte contre la drogue.

- Les TCO versent des pots-de-vin à des candidats politiques étrangers et à des responsables de la sécurité afin de limiter les mesures de répression et de protéger les opérations illicites, telles que la production de drogues illicites ou les opérations de contrebande transfrontalière.
- En Équateur, la violence des gangs liée à la drogue a entraîné une augmentation du nombre d'homicides et l'assassinat d'un candidat à la présidence. Le pays a déclaré plusieurs états d'urgence, suspendant les services publics essentiels – y compris les transports publics – et fermant les écoles et les entreprises.

TRAITE DES ÊTRES HUMAINS

Les TCO et les acteurs criminels considèrent la traite des êtres humains, y compris la traite sexuelle et le travail forcé, comme des crimes d'opportunité à faible risque. De nombreux acteurs criminels s'engagent dans des opérations qui visent à exploiter des individus et des groupes vulnérables afin d'augmenter les flux de revenus illicites. Les TCO qui se livrent à la traite des êtres humains peuvent également se livrer au trafic de stupéfiants, à la contrebande d'armes et d'êtres humains et au blanchiment d'argent.

- Les trafiquants d'êtres humains contraignent ou escroquent leurs victimes à la traite sexuelle ou au travail forcé, en confisquant leurs documents d'identité et en exigeant le paiement de dettes. En 2023, les autorités américaines chargées de l'application de la loi ont relevé plusieurs incidents au cours desquels des mineurs non accompagnés ont été exploités dans le cadre d'opérations de travail forcé dans des usines de transformation alimentaire aux États-Unis afin de rembourser des dettes.

- Les TCO basées dans l'hémisphère occidental et en Asie sont les plus susceptibles de se livrer à des activités de traite des êtres humains ayant des liens avec les États-Unis.

Les migrants qui transitent par l'hémisphère occidental pour se rendre aux États-Unis sont exploités par des acteurs criminels qui les enlèvent contre rançon, les soumettent au travail forcé ou les exploitent sexuellement. Les TCO, les passeurs, les gangs et les acteurs criminels isolés profitent tous des niveaux élevés de migration vers les États-Unis, et les migrants vulnérables risquent d'être victimes de la traite.

- Certains migrants, qui utilisent volontairement les réseaux de passeurs pour faciliter leur voyage vers les États-Unis, sont victimes de la traite des êtres humains au cours de leur périple.

TERRORISME MONDIAL

Les personnes et les intérêts américains sur le territoire national et à l'étranger seront confrontés à une menace terroriste persistante et de plus en plus diversifiée au cours de l'année prochaine. Cette menace est surtout susceptible de se manifester sous la forme de petites cellules ou d'individus inspirés par des organisations terroristes étrangères et des idéologies extrémistes violentes pour mener des attaques. Alors qu'Al-Qaïda s'est effondré sur le plan opérationnel en Afghanistan et au Pakistan et qu'ISIS a subi des pertes de leadership en cascade en Irak et en Syrie, les affiliés régionaux continueront à se développer. Ces gains symbolisent le déplacement du centre de gravité du djihad mondial sunnite vers l'Afrique.

- Les terroristes continueront à vouloir mener des attaques à l'aide de matériaux chimiques, biologiques et radioactifs contre des personnes, des alliés et des intérêts américains dans le monde entier. Des terroristes d'horizons idéologiques divers continuent de diffuser des instructions plus ou moins crédibles pour l'acquisition ou la production d'armes toxiques ou radioactives à l'aide de documents largement disponibles dans les médias sociaux et les forums en ligne.

État islamique d'Irak et du Sham (ISIS)

L'ISIS restera une organisation mondiale centralisée, même s'il a été contraint de s'appuyer sur des branches régionales en réponse aux pertes successives de dirigeants au cours des dernières années. Les capacités externes varient selon les branches mondiales de l'ISIS, mais le groupe restera concentré sur la tentative de mener et d'inspirer des attaques mondiales contre l'Occident et les intérêts occidentaux.

- L'État islamique dans le Grand Sahara et l'État islamique en Afrique de l'Ouest contribuent à l'instabilité gouvernementale, aux conflits communautaires et aux revendications antigouvernementales et en tirent parti pour progresser au Nigeria et au Sahel.
- ISIS-Khorasan tente de mener des attaques qui sapent la légitimité du régime taliban en multipliant les attentats contre les intérêts étrangers en Afghanistan[1].

1. Deux attentats revendiqués par ISIS-Khorasan ont eu lieu le 3 janvier 2024 en Iran et à Moscou le 22 janvier [NdT].

Al-Qaïda

Les filiales régionales d'Al-Qaïda sur le continent africain et au Yémen soutiendront le réseau mondial, car le groupe maintient son intention stratégique de cibler les États-Unis et les citoyens américains. Les hauts responsables d'Al-Qaïda n'ont pas encore annoncé le nom du remplaçant de l'ancien émir, Ayman al-Zawahiri, ce qui témoigne de la nature régionale et décentralisée de l'organisation.

- Al-Shabaab continue d'améliorer ses capacités d'attaque en acquérant des systèmes d'armes tout en contrant une campagne multinationale de contre-terrorisme, ce qui présente un risque pour le personnel américain. En 2023, Al-Shabaab a également étendu ses opérations au nord-est du Kenya.

Hezbollah

Le Hezbollah libanais continuera à développer ses capacités terroristes globales en complément de ses capacités militaires conventionnelles croissantes dans la région. Depuis octobre 2023, le Hezbollah a mené des attaques le long de la frontière nord d'Israël pour immobiliser les forces israéliennes qui cherchent à éliminer le Hamas à Gaza. Le Hezbollah continuera probablement à mener des actions provocatrices telles que des tirs de roquettes contre Israël tout au long du conflit.

Le Hezbollah cherche à réduire l'influence des États-Unis au Liban et dans l'ensemble du Moyen-Orient, et conserve la capacité de prendre pour cible des personnes et des intérêts américains dans la région, dans le monde entier et, dans une moindre mesure, aux États-Unis.

Extrémistes violents transnationaux à motivation raciale ou ethnique

Le mouvement transnational des extrémistes violents à motivation raciale ou ethnique (RMVE), notamment motivé par la suprématie de la race blanche, continuera de fomenter la violence en Europe, en Amérique du Sud, en Australie, au Canada et en Nouvelle-Zélande, inspirant les attentats perpétrés par des acteurs isolés ou des petites cellules qui constituent une menace importante pour les personnes américaines. La structure souple des organisations et réseaux RMVE transnationaux, qui encouragent ou inspirent mais ne dirigent généralement pas les attaques, posera des problèmes aux services de sécurité locaux et créera une résistance aux perturbations.

- Les acteurs solitaires sont difficiles à détecter et à perturber en raison de leur manque d'affiliation. Bien que ces extrémistes violents aient tendance à utiliser des méthodes d'attaque simples, ils peuvent avoir des conséquences dévastatrices et démesurées.
- Les publications du RMVE et les manifestes des attaquants précédents alimentent le mouvement RMVE en propagande violente, en cibles et en tactiques. Terrorgram, un réseau de canaux faiblement connectés sur l'application de messagerie Telegram, a contourné de nombreux efforts de modération du contenu. Terrorgram sert de forum transnational aux groupes extrémistes violents à motivation raciale ou ethnique pour partager leur propagande, échanger des conseils opérationnels et valoriser les auteurs d'attaques terroristes antérieures.
- Depuis le début de l'année 2022, nous avons recensé cinq attentats et cinq attentats présumés commis par des acteurs solitaires apparents aux États-Unis et à l'étranger, qui ont fait 27 morts au total. Au cours de la même période, des complots RMVE

perturbés, des arrestations et des menaces ont été signalés dans plusieurs pays européens.

Entreprises militaires et de sécurité privées (PMSC)

Les PMSC sont de plus en plus présentes dans l'environnement international, et une poignée de ces entreprises associées à des rivaux des États-Unis, comme la Russie, menacent la sécurité mondiale dans de nombreux pays et régions en raison de leur capacité à fomenter la violence et à aggraver l'instabilité dans des régions déjà fragiles.

- Les PMSC sont devenues une composante essentielle des opérations militaires modernes et la demande de leurs services est susceptible d'augmenter. La majeure partie de l'industrie est constituée de sociétés qui fournissent des services de sécurité pour le compte d'intérêts commerciaux ou d'États. Toutefois, la Chine, la Russie, la Turquie et les Émirats arabes unis considèrent les PMSC comme un outil précieux dans leur arsenal pour promouvoir ou protéger leurs intérêts à l'étranger.
- De nombreux gouvernements se tourneront vers les PMSC pour qu'elles jouent un rôle important en tant que multiplicateur de force pour leurs armées conventionnelles – en remplissant des tâches hautement techniques ou à forte intensité de main-d'œuvre, telles que la maintenance, la logistique ou la sécurité des sites fixes – ou, dans certains cas, en fournissant des capacités d'action directe clés en main et hautement spécialisées, absentes de leurs forces armées.
- Seul un petit nombre de contrats de PMSC prévoient des interventions directes, qui sont des activités à haut risque pouvant nécessiter l'application d'une force meurtrière.

- Aucune autre PMSC ne dispose des sources de financement, de la formation et de la taille nécessaires pour opérer à l'échelle de Wagner en tant que force supplétive, bien qu'un acteur étatique puisse de la même manière étendre les activités d'une PMSC plus petite en l'espace d'un ou deux ans.

TROISIÈME PARTIE

AUDITION SUR LES MENACES ACTUELLES DANS LE MONDE

Sénat des États-Unis,
Commission permanente sur le renseignement[1]

Washington, D.C.
(11 mars 2024)

1. L'United States Senate Select Committee on Intelligence (parfois appelé SSCI) est une commission permanente du Sénat américain dédiée à la surveillance de la communauté du renseignement.

QUESTIONS ET RÉPONSES DES SÉNATEURS

CONFLIT RUSSIE-UKRAINE ET INTERPRÉTATION CHINOISE

SÉNATEUR MARTIN HEINRICH (*Démocrate*)

Selon l'évaluation annuelle de la menace, le président russe Poutine pense probablement, je cite, «que son approche pour gagner la guerre en Ukraine est payante. Et le soutien occidental et américain à l'Ukraine est limité». Fin de citation. Pour chacun d'entre vous. Quelles leçons Poutine tire-t-il de l'échec des États-Unis à soutenir davantage l'Ukraine dans sa lutte pour la survie nationale? Et quelles leçons le président chinois Xi Jinping pourrait-il tirer de cet échec?

WILLIAM BURNS (*Directeur de la CIA. Parti indépendant*)

Monsieur le sénateur, je serais heureux de répondre à votre question. Je reviens de ma dixième visite en Ukraine depuis le début de la guerre et je suis convaincu que nous nous trouvons à un carrefour extrêmement important pour l'Ukraine, pour la sécurité européenne et pour les intérêts américains à long terme dans le monde entier. Je pense que l'aide supplémentaire approuvée par le Congrès offre la possibilité très réelle de concrétiser un succès stratégique pour l'Ukraine et une perte stratégique pour la Russie de Vladimir Poutine. Nous estimons qu'avec une aide supplémentaire l'Ukraine peut s'accrocher face à la guerre. Nous estimons qu'avec une aide supplémentaire l'Ukraine peut se maintenir sur le front jusqu'en 2024 et au début de 2025, qu'elle peut continuer à imposer des coûts à la Russie, non seulement avec des frappes de pénétration en profondeur en Crimée, mais aussi contre la flotte russe de la mer Noire, en poursuivant le succès qui s'est traduit par le naufrage de 15 navires russes au cours des six derniers mois. En d'autres termes, avec une aide supplémentaire, l'Ukraine peut se mettre en position, d'ici la fin de 2024 et le début de 2025, de reprendre l'initiative offensive et en situation de négocier à partir d'une position de force accrue et de parvenir à un résultat qui ne répondrait pas à l'objectif de Poutine – qui était de soumettre l'Ukraine à l'autorité de la Russie et de contrôler ses choix – et l'Ukraine pourrait se maintenir en tant que pays fort, souverain et indépendant, s'ancrer dans les institutions occidentales et disposer de l'espace et de la sécurité nécessaires pour mettre un terme à cette terrible agression et laisser la Russie gérer les conséquences à long terme de l'invasion brutale et insensée de Poutine.

Toutefois, sans aide supplémentaire, il me semble que l'avenir est beaucoup plus sombre. L'Ukraine risque de perdre du terrain, et probablement beaucoup de terrain, en 2024. J'ai vu les conséquences de la bataille d'Abdiivka, qui a entraîné un retrait précipité des forces ukrainiennes quelques jours avant ma dernière visite à Kiev. Un partenaire ukrainien de haut rang m'a décrit ce qui s'est passé. Il a déclaré que «nos hommes se sont battus aussi longtemps et aussi durement qu'ils le pouvaient. Nous sommes tombés à court de munitions et les Russes continuaient d'arriver». Et je pense que, sans une aide supplémentaire en 2024, vous verrez de plus en plus d'Abdiivka. Et il me semble que ce serait une erreur massive et historique de la part des États-Unis.

MARTIN HEINRICH

Quelle leçon pensez-vous que le PCC en tirera?

WILLIAM BURNS

Je pense que les conséquences ne seront pas seulement pour l'Ukraine ou la sécurité européenne.

INTERVENTION ANONYME

Quelqu'un crie dans le public: «Israël extermine le peuple palestinien. Des enfants meurent de faim. Ne soutenez pas l'extermination du peuple palestinien. Arrêtez d'envoyer des armes à Israël. Ne soutenez pas la famine des enfants. Des enfants meurent de faim.»

MARK ROBERT WARNER (*Président du SSCI. Démocrate*)

Le témoin peut continuer.

WILLIAM BURNS

Non, je pense que les conséquences seront ressenties non seulement par les Ukrainiens et la sécurité européenne, mais aussi dans l'Indo-Pacifique, où, si l'on voit que nous renonçons à soutenir l'Ukraine, non seulement cela alimentera les doutes de nos alliés et partenaires dans l'Indo-Pacifique, mais cela attisera aussi les ambitions des dirigeants chinois dans des domaines allant de Taïwan à la mer de Chine méridionale. Voilà ce que j'ai vu lors de cette dernière visite. Je pense que c'est ce qui est en jeu pour nous tous. Je pense que la vérité est que les Ukrainiens ne sont pas à court de courage et de ténacité. Ils sont à court de munitions. Et nous manquons de temps pour les aider.

MARTIN HEINRICH

Monsieur le Directeur, passons donc à l'éléphant dans la pièce. Je tiens à vous remercier pour les efforts que vous avez déployés afin d'obtenir la libération des otages et un cessez-le-feu au Moyen-Orient. Le ramadan a maintenant commencé. Dans la mesure de vos possibilités, dites-nous où en sont ces négociations. Et quels sont les points chauds qui, selon vous, pourraient nous entraîner dans un conflit plus régional au cours du mois prochain ?

WILLIAM BURNS

Bien sûr. Au cours des derniers mois, depuis le retour des otages et le cessez-le-feu de la fin du mois de novembre, le président a travaillé très dur pour tenter de relancer ce processus. J'ai voyagé huit fois pour rencontrer mes partenaires israéliens, égyptiens et qataris, et je suis rentré tout récemment, samedi soir, du dernier voyage de ce type. Ce qui est actuellement sur la table, c'est un accord potentiel comportant trois éléments principaux. Le premier serait le retour d'environ 40 otages. Il s'agit des femmes otages restantes, des hommes plus âgés et des otages blessés ou gravement malades. Il s'agirait d'une première étape, d'une première phase vers le retour de tous les otages, ce à quoi le président est profondément attaché. Cela se ferait en échange d'un nombre défini de prisonniers palestiniens détenus par les Israéliens. Le deuxième élément est un cessez-le-feu d'au moins six semaines, là encore comme première étape vers ce qui pourrait être des accords plus durables au fil du temps. Le troisième élément serait une augmentation importante de l'aide humanitaire qui, dans les circonstances d'un cessez-le-feu, pourrait être distribuée de manière efficace aux personnes qui en ont tant besoin. Nous allons donc continuer à travailler d'arrache-pied sur cette question. Je ne pense pas que quiconque puisse garantir le succès. Ce que je pense, c'est que les alternatives sont pires pour les civils innocents de Gaza qui souffrent dans des conditions désespérées, pour les otages et leurs familles qui souffrent également dans des conditions très désespérées, et pour nous tous. Nous allons donc poursuivre nos efforts.

SÉNATEUR TOM COTTON (*Républicain*)

Le sénateur Heinrich allait parler du véritable éléphant dans la pièce, à savoir certains membres de notre public qui vous accusent d'avoir eu un comportement assez grave. Alors, directeur Burns, je veux vous donner une chance de répondre à ce qui a été dit. Israël extermine-t-il le peuple palestinien ?

WILLIAM BURNS

Sénateur, tout ce que je peux dire, c'est ce que j'ai déjà dit. Je pense qu'il y a beaucoup de civils innocents à Gaza. Ils sont dans une situation désespérée en ce moment. Je pense qu'il s'agit d'otages et de leurs familles qui sont également dans une situation désespérée. Et je pense que j'ai appris il y a longtemps, dans des crises comme celle-ci, qu'il faut trouver un objectif pragmatique et le poursuivre sans relâche. Et l'objectif que le président a défini en travaillant avec nos partenaires israéliens et égyptiens est, je pense, le plus pragmatique que je puisse voir à l'heure actuelle : obtenir un cessez-le-feu d'au moins six semaines, obtenir le retour des otages, et finalement de tous les otages, et acheminer l'aide humanitaire désespérément nécessaire aux personnes qui en ont besoin dans la bande de Gaza.

TOM COTTON

C'est donc non, vous ne croyez pas qu'Israël extermine le peuple palestinien ?

WILLIAM BURNS

Non, je pense qu'Israël… Je comprends la nécessité pour Israël, et le président l'a souligné, de répondre à l'attaque brutale que les Israéliens ont subie le 7 octobre, contre le Hamas, contre un groupe terroriste. Mais je pense que nous devons tous garder à l'esprit le lourd tribut payé par les civils innocents de Gaza. Et comme l'a dit le président, il est très important qu'Israël en soit extrêmement conscient et évite de nouvelles pertes de vies civiles.

TOM COTTON

Directrice Haines, croyez-vous qu'Israël extermine le peuple palestinien ?

AVRIL HAINES (*Directrice de l'Office de la directrice de l'Intelligence nationale. Démocrate*)

Je n'ai vraiment rien à ajouter à ce qu'a dit le directeur Burns. J'approuve totalement ce qu'il a commenté.

TOM COTTON

Israël est également accusé d'affamer les enfants palestiniens. Israël affame-t-il les enfants en Palestine ? Ou à Gaza ?

WILLIAM BURNS

Vous savez, je pense, Monsieur le Sénateur, que la réalité est qu'il y a des enfants qui meurent de faim à Gaza.

TOM COTTON

Mais Israël le fait-il ?

WILLIAM BURNS

Ils meurent de faim, ils souffrent de malnutrition parce que l'aide humanitaire ne peut pas leur parvenir. Il est très difficile de distribuer l'aide humanitaire de manière efficace sans cessez-le-feu, et c'est exactement la raison pour laquelle, vous savez, je pense qu'il y a une grande valeur dans ce qui est sur la table maintenant, un retour des otages et un cessez-le-feu significatif permettant aux gens d'obtenir l'aide humanitaire.

TOM COTTON

D'accord. Pour mémoire, je ne crois pas qu'Israël, ni aucun d'entre vous, ni le gouvernement des États-Unis, extermine le peuple palestinien ou affame les enfants palestiniens.

Directrice Haines, il y a eu plusieurs reportages, on pourrait dire des fuites, selon lesquels l'Iran n'a pas le contrôle total de ses groupes affiliés. C'est ce que titrait *Politico* le mois dernier. La citation est la suivante: «Alors que l'Iran soutient les groupes affiliés financièrement et en leur fournissant du matériel militaire, les services de renseignement ne pensent pas qu'il commande les attaques. Son manque de contrôle sur les Houthis et les milices en Irak et en Syrie a brouillé les délibérations à Washington sur la façon de répondre aux attaques répétées contre les intérêts américains dans la région, y compris l'attaque en Jordanie le 28 janvier qui a tué trois soldats américains.» Mais, à la page 18[1] de l'évaluation, la communauté du renseignement écrit: «Téhéran a pu faire jouer les capacités militaires du réseau à la suite de l'attaque du Hamas le 7 octobre, en orchestrant des attaques anti-israéliennes et anti-américaines du Liban au détroit de Bab el-Mandab, tout en protégeant les dirigeants iraniens de conséquences significatives.» Orchestrer est plus fort que tout ce que j'ai entendu. Il ne s'agit pas de fournir un soutien, une formation ou un financement. Vous estimez donc, tout comme la communauté du renseignement, que Téhéran a orchestré des attaques contre Israël et contre le personnel et les positions des États-Unis au Moyen-Orient depuis le 7 octobre?

---

1. Page 69 du présent ouvrage [NdT].

AVRIL HAINES

Oui. Je ne pense pas que cela signifie que les groupes mandataires ou que d'autres écoutent toujours tout ce qu'ils ont à dire ou qu'ils sont sous leur contrôle direct. Mais je pense qu'orchestrer est une description appropriée de ce qu'ils font.

TOM COTTON

L'Iran a donc, pour reprendre la définition du dictionnaire, arrangé ou dirigé les éléments d'une situation pour produire un effet désiré, en particulier subrepticement. C'est bien cela ?

AVRIL HAINES

(*Hoche la tête.*)

LES ORIGINES DU COVID

TOM COTTON

D'accord. Directeur Burns, à la page 34[1] de l'évaluation, la CIA note que le FBI et le ministère de l'Énergie ont conclu que l'origine la plus probable de la pandémie de coronavirus était un laboratoire situé à Wuhan. Mais la CIA n'est pas en mesure de le confirmer. Pourquoi la CIA ne parvient-elle pas à la même conclusion que le FBI et le ministère de l'Énergie ?

WILLIAM BURNS

Oui, non, nos analystes continuent d'examiner la situation très attentivement. Ils n'ont pas encore conclu qu'il y avait des preuves définitives dans un sens ou dans l'autre, qu'il s'agisse d'une transmission naturelle ou d'un accident de laboratoire. Nous continuons à rechercher,

1. Page 103 du présent ouvrage [NdT].

vous savez, plus de renseignements, plus d'informations qui pourraient aider nos analystes à parvenir à une conclusion définitive. Mais pour l'instant, ils n'ont pas été en mesure de le faire.

TOM COTTON

Directeur Wray, pourquoi vos analystes sont-ils si confiants ?

CHRISTOPHER WRAY (*Directeur du FBI. Républicain*)

Nos analystes ont effectué un travail très rigoureux impliquant toute une série d'experts de différentes sortes. Nous sommes parvenus à cette évaluation avec un degré de confiance modéré et nous nous y tenons. Nous nous en tenons à cette évaluation.

FINANCEMENT À L'UKRAINE

SÉNATEUR MICHAEL BENNETT (*Démocrate*)

Je vous remercie. Merci, Monsieur le Président, et merci à tous d'être ici. Je vous remercie pour vos services. Directeur Burns, le directeur du FBI, vient de mentionner le président Bush. Je pense que vous étiez notre ambassadeur en Russie lorsqu'il était président. Est-ce exact ?

WILLIAM BURNS

Oui, Monsieur.

MICHAEL BENNETT

Vous avez l'une des plus longues carrières, des carrières distinguées, de la diplomatie américaine. Et maintenant, vous êtes au milieu d'une négociation au Moyen-Orient que, je pense, tout le monde ici espère voir couronnée de succès. Dans ce contexte, je voudrais vous interroger sur le projet de loi supplémentaire qui prévoit le financement de l'Ukraine. C'est un projet de loi qui a été adopté par le Sénat avec 70 voix, alors que nous n'adoptons presque jamais rien ici avec 70 voix à l'étranger. L'importance de ce projet de loi a été reconnue par les deux partis. Je suis d'accord avec votre évaluation et celle de la communauté du renseignement selon laquelle l'Ukraine a la possibilité de l'emporter dans le conflit qui l'oppose à la Russie. Personne ne l'aurait cru il y a deux ans. Mais la façon dont ils se sont battus, la façon dont ils ont pu être soutenus par nos munitions. Et nos services de renseignement ont manifestement fait la différence. Ils ont réussi comme personne n'aurait pu l'imaginer. Mais il y a des gens à l'Assemblée qui ne croient pas que l'Ukraine puisse l'emporter. Vous savez, leur évaluation est différente de celle de la communauté du renseignement. Leur jugement est différent. Et c'est très bien ainsi. Nous avons des jugements différents. Mais je voudrais vous demander, puisque vous êtes ici, quelques précisions sur la position de négociation que l'Ukraine, l'Occident et l'OTAN veulent adopter vis-à-vis de Vladimir Poutine. Et compte tenu de cette question, je me demande si vous pourriez nous dire si notre position de négociation… si vous êtes quelqu'un qui croit en fin de compte que l'Ukraine ne peut pas l'emporter, bien que mon avis est qu'elle le peut, et qui croit seulement qu'elle peut être en mesure de négocier la fin de cette situation, pourquoi serait-il préférable pour nous d'adopter la loi de financement vue plutôt que de ne pas l'adopter ?

WILLIAM BURNS

Merci beaucoup, Monsieur le Sénateur. Je pense qu'aujourd'hui je commencerai par Vladimir Poutine et la Russie. Nous estimons que la Russie n'est pas sérieuse en ce qui concerne les négociations aujourd'hui, en ce sens qu'elle peut être intéressée par le théâtre des négociations, mais qu'elle n'est pas vraiment intéressée par des négociations dans le sens d'un compromis pour l'instant. Car, comme l'a dit la directrice Avril D. Haines dans ses remarques préliminaires, je pense que le président Poutine croit que le temps joue en sa faveur, qu'il peut écraser les Ukrainiens et user le reste d'entre nous. Par conséquent, si vous envisagez la perspective d'une négociation plus sérieuse à l'avenir, il est essentiel que l'Ukraine, tout d'abord avec notre soutien, désabuse les dirigeants russes de leur perception. En d'autres termes, il s'agit de briser sa confiance dans le fait que le temps joue en sa faveur, de démontrer que, pour la Russie aussi, cette guerre a des conséquences à long terme. La Russie a déjà énormément souffert sur le plan militaire, avec plus de 315 000 morts et blessés, soit quatre fois les pertes subies par l'Union soviétique en dix ans de guerre en Afghanistan, la destruction d'environ deux tiers de ses chars d'assaut d'avant-guerre, et les conséquences économiques à long terme, qui font rapidement de la Russie le vassal économique de la Chine, sans parler d'une OTAN beaucoup plus forte et plus importante. En 2024, le défi consistera donc à aider les Ukrainiens non seulement à tenir bon, mais aussi à continuer d'imposer des coûts afin qu'ils soient en position de force et qu'ils aient plus de poids dans les négociations. Je pense que c'est la réponse que je donnerais à cette question. Si l'on veut parvenir à une négociation sérieuse, il faut aider les Ukrainiens à démontrer que Poutine a tort de penser que le temps joue en sa faveur.

MICHAEL BENNETT

Cette logique me semble assez convaincante. Permettez-moi de vous poser une autre question. Étant donné que vous avez servi des présidents républicains et démocrates pendant de nombreuses décennies, vous entendez des personnes dans ce bâtiment dire que les États-Unis d'Amérique doivent renoncer à leur soutien à l'Ukraine, à un conflit réel avec Vladimir Poutine, à un conflit réel avec la Russie, par crainte que nous ne puissions pas nous permettre un conflit plausible, bien que théorique, avec la Chine à l'avenir. Pensez-vous que les États-Unis d'Amérique ne peuvent pas assumer leurs engagements à l'égard de l'Ukraine et de l'OTAN tout en étant en mesure de dissuader Pékin ?

WILLIAM BURNS

Non, je ne le crois pas. Je pense que nous en sommes tout à fait capables. Le sénateur Rubio l'a dit tout à l'heure. Je pense que les États-Unis, même s'ils ne jouissent pas d'une primauté incontestée dans le monde d'aujourd'hui, ont toujours une main plus forte à jouer que n'importe lequel de leurs adversaires ou rivaux. Je pense donc que nous sommes tout à fait capables de continuer à soutenir l'Ukraine dans un conflit dont les conséquences vont bien au-delà de l'Ukraine et de la sécurité européenne. Et je pense que le maintien de ce soutien à l'Ukraine non seulement ne se fait pas au détriment de la dissuasion à l'égard de la Chine, mais qu'il contribue en fait à dissuader la Chine, que ce soit à Taïwan, dans la mer de Chine méridionale ou ailleurs. Nous pensons que Xi Jinping a été dégrisé par ce qui s'est passé, en particulier au cours de la première année de la guerre. Il ne s'attendait pas à ce que l'Ukraine résiste avec le courage et la ténacité dont les Ukrainiens ont fait preuve. Il ne s'attendait pas à ce que les États-Unis, qu'il considère comme une puissance en déclin, interviennent comme l'a fait le président, avec votre soutien à tous, pour montrer leur solidarité avec l'Ukraine. Cela a eu un impact, je crois, bien au-delà de l'Ukraine ou de la sécurité européenne. Et c'est vraiment ce qui est en jeu aujourd'hui.

MICHAEL BENNETT

Et je dirais, Monsieur le Président, qu'en regardant ces 60 milliards de dollars, nous dirons que c'était une bonne affaire par rapport à ce que nous aurions pu dépenser autrement.

CHINE ET INDO-PACIFIQUE

SÉNATEUR JERRY MORAN (*Républicain*)

Général Kruse, comment évaluez-vous l'équilibre actuel de la puissance militaire entre les États-Unis, la Chine et d'autres pays du Pacifique ?

JEFFREY KRUSE (*Directeur de l'Agence de renseignement de la Défense*)

Je pense que je décrirais l'équilibre des forces aujourd'hui comme une Chine en pleine ascension, qui a planifié sur plusieurs périodes de cinq ans et qui a exécuté ce développement, cette formation, cet exercice, d'une manière qui l'a placée dans une position qui lui permettra, dans un avenir pas si lointain, conformément aux objectifs de Xi lui-même, d'être une puissance militaire de premier plan au niveau mondial. Cependant, les États-Unis sont aujourd'hui la première puissance militaire du monde, et il est donc impératif pour nous de suivre la même trajectoire, de les égaler pas à pas et de nous assurer que nous restons en tête de la croissance chinoise. Il ne fait aucun doute que la croissance que vous observez a été discutée aujourd'hui en ce qui concerne la puissance militaire associée à la Chine et la montée en puissance dans tous les domaines, qu'il s'agisse du cyberespace ou de l'armement conventionnel.

IRAN

SÉNATEUR ROBERT CASEY (*Démocrate*)

Directrice Haines, je voudrais vous interroger sur la manière dont l'Iran échappe aux sanctions. Nous savons que, depuis l'imposition de sanctions accrues contre le pétrole iranien en 2018 et 2019, l'Iran a de plus en plus réussi à trouver des moyens d'échapper aux sanctions, et ses revenus pétroliers augmentent de plus en plus. Je sais que l'administration se concentre sur le blocage des exportations de pétrole iranien. Comment la communauté du renseignement soutient-elle les efforts de l'administration pour imposer des coûts supplémentaires à l'Iran, notamment en se concentrant sur l'identification et la sanction des navires de la flotte dite fantôme qui transportent du pétrole iranien et des raffineries chinoises qui achètent du pétrole iranien ?

AVRIL HAINES

Merci, Monsieur le Sénateur. Oui, je veux dire que nous sommes très impliqués, c'est la réponse courte. Mais la réponse plus longue est que nous présentons des rapports périodiques au Congrès qui vous informent de certains des travaux que nous menons dans ce domaine, où nous identifions les cas où nous constatons une évasion des sanctions, où nous voyons des opportunités, essentiellement des cibles supplémentaires pour les sanctions qui pourraient être appliquées, vous savez, qui sont des sortes de tiers ou d'autres personnes impliquées dans ces transactions afin que le département du Trésor et d'autres puissent, en fait, les poursuivre à cet égard. Il s'agit d'une question constante et cruciale.

CYBERMENACES ET INTELLIGENCE ARTIFICIELLE

SÉNATRICE KIRSTERN GILIBRAND (*Démocrate*)

Monsieur le Président, dans la région de la capitale de l'État de New York, le complexe nanotechnologique d'Albany devrait accueillir certaines des activités de recherche, de développement et de fabrication électroniques les plus avancées de notre pays, dans des domaines particuliers tels que le traitement des plaquettes, la fabrication et les outils de lithographie. L'évaluation annuelle des menaces publiée aujourd'hui souligne que la Chine est actuellement à la traîne par rapport aux États-Unis dans le développement de ces puces technologiques de pointe, étant donné le coût du vol de nos technologies, ce que nous avons vu la Chine faire à maintes reprises. J'ai inclus la législation dans le NTA de l'année dernière exigeant que la Défense établisse un programme pilote de collaboration entre le Centre de collaboration en matière de cybersécurité de la NSA et les fabricants américains de semi-conducteurs afin d'améliorer la cybersécurité et le processus de conception et de fabrication des semi-conducteurs.

Général Haugh, comment la NSA collabore-t-elle avec le FBI pour mettre en place des mesures de protection contre l'espionnage et les cyberattaques dans les principaux centres de recherche publics et chez les fabricants de semi-conducteurs ?

GÉNÉRAL TIMOTHY HAUGH (*Directeur de l'Agence nationale de sécurité*)

Madame la Sénatrice, je vous remercie pour votre question. En ce qui concerne la façon dont nous envisageons la cybermenace chinoise, il est clair que la NSA va s'acharner à vouloir voler la propriété intellectuelle. C'est pourquoi, de notre point de vue, la NSA s'attache en partie à mettre en lumière cette menace. Nous avons donc rédigé une série d'avis non classifiés avec un certain nombre de partenaires, des éléments du gouvernement américain, six autres pays, de multiples entreprises, afin de mettre en lumière cette menace d'une manière qui nous permette d'obtenir maintenant une unité d'action contre cette menace. Du point de vue du FBI, la NSA sont des coéquipiers dans tout ce que nous faisons au sujet de la cybermenace aux États-Unis. Et d'un point de vue spécifique sur les semi-conducteurs, une technologie critique que la Chine veut manifestement rattraper. De notre point de vue, il s'agit d'un domaine dans lequel nous continuerons à identifier ces menaces et à les communiquer à la fois par l'intermédiaire du FBI et par des avis non classifiés chaque fois que nous le pourrons.

KIRSTERN GILIBRAND

Directeur Wray.

CHRISTOPHER WRAY (*Directeur du FBI. Républicain*)

Je voudrais simplement ajouter que je suis d'accord avec tout ce que le général Haugh vient de dire. Je voudrais juste ajouter quelque chose. Nous avons mis en place des groupes de travail sur le contre-espionnage dans les 56 bureaux locaux, y compris dans la région d'Albany. La NSA est un acteur clé de notre effort national dans ce domaine. Outre les informations non classifiées qui peuvent être partagées grâce au bon travail que nous réalisons ensemble, l'un des avantages pour le FBI de collaborer avec des entreprises privées est que, comme nous obtenons des informations de sources très diverses, nous pouvons parfois partager des informations avec une entité du secteur privé d'une manière qui contribue à protéger les sources et les méthodes de la NSA, simplement parce qu'il n'est pas clairement indiqué qu'il s'agit d'une information que la NSA nous a communiquée.

KIRSTERN GILIBRAND

Des recherches menées par le Center for Countering Digital Hate ont montré que les principaux générateurs d'images d'IA créent de la désinformation électorale dans 41 % des cas où ils sont sollicités, y compris des images susceptibles d'étayer de fausses affirmations sur des candidats ou des fraudes électorales. Cette question s'adresse à l'ensemble du panel. L'un d'entre vous a-t-il vu des adversaires étrangers ayant l'intention d'utiliser l'IA générative par le biais d'images, d'audios ou de vidéos pour tromper les électeurs américains, sur quoi nous appuyons-nous pour conseiller le public lorsque ce contenu inauthentique apparaît ? Directeur Wray, vous pouvez commencer.

CHRISTOPHER WRAY

Je voudrais réfléchir à ce que je peux dire ici. Il est certain que tous nos principaux adversaires s'intéressent de près à l'IA pour renforcer leurs efforts. Nous avons vu l'IA utilisée dans divers contextes, qu'elle ait été utilisée spécifiquement pour cibler les électeurs, je ne suis pas sûr de pouvoir le dire, mais nous sommes activement préoccupés par cela, car il s'agit de la dernière péripétie d'un effort de longue date visant à s'engager dans la guerre de l'information.

KIRSTERN GILIBRAND

Directeur Burns.

WILLIAM BURNS

Oui, je veux dire qu'un autre exemple est celui d'Al-Qaïda dans la péninsule arabique, qui a utilisé l'IA pour générer des vidéos visant à inspirer des attaques de loups solitaires à la suite du conflit de Gaza.

KIRSTERN GILIBRAND

Directrice Haines.

AVRIL HAINES

Oui, je pense qu'un autre exemple est celui de la Russie qui déploie des outils d'IA dans le cadre de ses efforts d'influence en Ukraine. Par exemple, en mars 2022, dans une *deepfake* le président ukrainien Zelensky a demandé aux Ukrainiens de déposer les armes, ce qui a dû être contré par le président Zelensky pour y remédier.

KIRSTERN GILIBRAND

Pourrions-nous leur donner les informations ou la capacité de le faire rapidement ?

AVRIL HAINES

Les Ukrainiens ? Oui, nous avons travaillé avec eux sur ce sujet.

KIRSTERN GILIBRAND

Général Haugh.

TIMOTHY HAUGH

En ce qui concerne notre réflexion sur la sécurité de l'IA, la NSA a créé un centre de sécurité de l'IA. Il s'agit notamment de pouvoir générer et communiquer à quiconque construit un modèle aux États-Unis utilisant l'IA quelles sont les menaces et quels sont les mécanismes de sécurité à mettre en place pour éviter l'utilisation abusive de ces modèles. Nous utilisons également le centre de sécurité pour appliquer toutes les normes éthiques et de sécurité relatives à l'exploitation de l'IA par le ministère. Enfin, le dernier élément est de savoir comment nous communiquons à ces entreprises les menaces qui pèsent sur leur technologie et la manière dont elle sera utilisée.

KIRSTERN GILIBRAND

Allez-y.

BREDD HOLMFREN (*Assistant secrétaire, Bureau de la recherche et du renseignement*)

Bien sûr, Madame la Sénatrice. Rapidement, vous avez raison d'évoquer cette menace. Et je pense que notre point de vue est que des outils tels que l'IA générative abaisseront essentiellement la barrière pour les acteurs, étatiques et non étatiques, qui disposent de moins de ressources pour s'engager dans une interférence potentielle dans les élections.

KIRSTERN GILIBRAND

Général Kruse.

JEFFREY KRUSE

Du point de vue de l'Agence du renseignement de la Défense (DIA), je ne pense pas que j'ajouterais à ce qui a été couvert ici, à l'exception de la partie contre-espionnage qui est un point de contact avec tout ce qui a déjà été mentionné.

MARK WARNER

Lors de la conférence de Munich sur la sécurité, à laquelle j'ai participé, 20 entreprises technologiques se sont réunies, la plupart des entreprises de médias sociaux, sur une base volontaire, pour indiquer à la fois le filigrane et la volonté de supprimer les vidéos et les voix générées par l'IA qui affectaient les élections, mais il s'agissait d'une démarche volontaire.

KIRSTERN GILIBRAND

Et pour rappel, personne n'a dit qu'ils avaient un plan pour informer ou conseiller le peuple américain.

MARK WARNER

Cette commission organisera très prochainement des auditions publiques sur ce sujet, comme le sénateur Rubio et moi-même en avons convenu.

SÉNATEUR MIKE ROUNDS (*Républicain*)

J'aimerais également demander, en ce qui concerne l'IA en particulier, que l'on sache qu'elle n'est pas près de disparaître. C'est une chose à laquelle nous allons devoir faire face. À l'heure actuelle, il semble que nous soyons les premiers au monde en ce qui concerne les capacités d'IA. Il est certain que nos adversaires proches le reconnaissent et qu'ils feront tout ce qui est en leur pouvoir pour réduire nos capacités aériennes, terrestres, maritimes, spatiales et cybernétiques.

En ce qui concerne les progrès de l'IA à l'heure actuelle, je m'inquiète autant de la Chine et de la Russie que de leur capacité à utiliser l'IA pour développer des systèmes d'armes que nous n'avons jamais vraiment considérés comme une menace majeure et directe pour les États-Unis. Je parlerai en particulier des produits biologiques. Nous savons que la Chine et la Russie disposent d'importantes capacités en matière d'IA et qu'en utilisant l'IA il est possible de réaliser des progrès rapides, comme vous l'avez indiqué aux pages 30 à 33 de votre rapport, c'est-à-dire qu'avec l'IA il est possible de développer très rapidement des armes biologiques. Je suis préoccupé par le fait qu'elles pourraient très bien être utilisées comme système d'armement. Je ne sais pas exactement à qui adresser cette question, mais je demanderai au directeur Wray. Il me semble qu'il s'agit d'un domaine qui, si nous ne sommes pas en mesure de les identifier et de les arrêter à temps, constitue probablement une menace pour les États-Unis aussi importante que n'importe quel autre domaine dont nous disposons aujourd'hui.

CHRISTOPHER WRAY

Ce que je dirais, c'est que, du point de vue du FBI, l'une de nos priorités est de protéger l'innovation américaine en matière d'IA contre le vol, en particulier de la part des Chinois. L'Amérique est le leader mondial de l'innovation en matière d'IA. Et l'IA est souvent, pour répondre à la question de la sénatrice Gilibrand, par exemple, un moyen de détecter les contrefaçons profondes. L'une des meilleures armes contre l'IA est une meilleure IA. Nous devons donc protéger cette innovation. Et nous sommes très préoccupés par le fait que les Chinois, qui ont, comme je l'ai déclaré à maintes reprises, un programme de piratage plus important que tous les autres grands pays réunis, s'ils volent notre IA pour l'alimenter, des mots tels que « multiplicateur de force » semblent être un euphémisme.

QUATRIÈME PARTIE

ANALYSES, FAITS ET CHIFFRES

ISRAËL

CONTEXTE HISTORIQUE

Israël est devenu une puissance économique et militaire régionale, tirant parti de la prospérité de son secteur des hautes technologies, de son importante industrie de défense et des inquiétudes suscitées par l'Iran pour favoriser des partenariats dans le monde entier. L'État d'Israël a été créé en 1948. L'Assemblée générale des Nations unies avait proposé en 1947 de diviser le mandat britannique pour la Palestine en un État arabe et un État juif. Les Juifs ont accepté la proposition, mais les Arabes locaux et les États arabes ont rejeté le plan de l'ONU et ont déclenché une guerre. Les Arabes ont ensuite été vaincus militairement lors de la guerre de 1947-1949 qui a suivi la proposition de l'ONU et le retrait des Britanniques le 14 mai 1948. Israël a été admis comme membre de l'ONU en 1949 et a connu une croissance démographique rapide, principalement due à la migration des réfugiés juifs d'Europe et du Moyen-Orient, au cours des années suivantes. Israël et ses voisins arabes se sont livrés à des guerres en 1956, 1967 et 1973, et Israël a signé des traités de paix avec l'Égypte en 1979 et la Jordanie en 1994. Israël a pris le contrôle de la Cisjordanie, de la partie orientale de Jérusalem, de la bande de Gaza, de la péninsule du Sinaï et du plateau du Golan au cours de la guerre de 1967. Il a rétrocédé le Sinaï à l'Égypte entre 1979 et 1982, mais a continué à administrer les autres territoires depuis lors, et a ensuite administré ces territoires par l'intermédiaire d'autorités militaires.

Dans les années 1990, Israël et les responsables palestiniens ont signé des accords provisoires qui ont créé une période intérimaire d'autonomie palestinienne dans certaines parties de la Cisjordanie et de la bande de Gaza. Israël s'est retiré de Gaza en 2005. Alors que les efforts officiels les plus récents entre Israël et l'Autorité palestinienne pour négocier les questions relatives au statut final ont eu lieu en 2013 et 2014, les États-Unis poursuivent leurs efforts pour faire avancer la paix. Israël a signé les accords de normalisation sous l'égide des États-Unis (les accords d'Abraham) avec le Bahreïn, les Émirats arabes unis et le Maroc en 2020 et a conclu un accord avec le Soudan en 2021. L'immigration en Israël se poursuit, avec plus de 44 000 nouveaux immigrants estimés, principalement juifs, au cours des 11 premiers mois de 2023.

L'ancien Premier ministre Benjamin Netanyahu est revenu au pouvoir à la fin de l'année 2022, continuant à dominer le paysage politique israélien à la tête du gouvernement le plus à droite et le plus religieux d'Israël. Netanyahu a été premier ministre de 1996 à 1999 et de 2009 à juin 2021, devenant ainsi le Premier ministre israélien le plus longtemps au pouvoir.

Le 7 octobre 2023, des militants du Hamas ont lancé une attaque terroriste combinée à la roquette non guidée et au sol depuis Gaza vers le sud d'Israël. Le même jour, l'armée de l'air israélienne a lancé des frappes aériennes à l'intérieur de Gaza et a entamé une campagne aérienne soutenue contre des cibles du Hamas dans toute la bande de Gaza. Le lendemain, le Premier ministre israélien Netanyahu a officiellement déclaré la guerre au Hamas et, le 28 octobre, les forces de défense israéliennes ont lancé un assaut terrestre de grande envergure à l'intérieur de Gaza.

L'économie israélienne a connu une transformation spectaculaire au cours des 30 dernières années, grâce à des secteurs de pointe et de haute technologie. Les découvertes de gaz offshore en Méditerranée, notamment dans les champs de Tamar et de Léviathan, placent Israël au centre d'un marché régional potentiel du gaz naturel. Fin 2022, un accord conclu sous l'égide des États-Unis entre Israël et le Liban a établi leur frontière maritime, permettant à Israël de commencer la production sur d'autres gisements de gaz en Méditerranée. Cependant, le développement économique d'Israël a été inégal. Des problèmes structurels tels que la faible participation au marché du travail des populations religieuses et minoritaires, la faible productivité de la main-d'œuvre, les coûts élevés du logement et des biens de consommation courante, ainsi que les fortes inégalités de revenus, préoccupent à la fois les économistes et la population en général. La guerre avec le Hamas qui a suivi l'attentat du 7 octobre 2023 a perturbé les solides fondamentaux économiques d'Israël, mais ne devrait pas avoir d'implications structurelles à long terme pour l'économie israélienne.

GÉOGRAPHIE

Emplacement

Moyen-Orient, bordant la mer Méditerranée, entre l'Égypte et le Liban.

Superficie

21 937 km². Terre : 21 497 km². Eau : 440 km².

Frontières terrestres

1 068 km. 6 pays frontaliers : Égypte (208 km), Bande de Gaza (59 km), Jordanie (327 km, 20 km dans la mer Morte), Liban (81 km), Syrie (83 km), Cisjordanie (330 km).

Littoral

273 kilomètres.

Revendications maritimes

Mer territoriale : 12 milles nautiques. Plateau continental : jusqu'à la profondeur d'exploitation.

Climat

Tempéré ; chaud et sec dans les zones désertiques du sud et de l'est.

Terrain

Désert du Néguev au sud, plaine côtière basse, montagnes centrales, vallée du rift du Jourdain.

Altitude

Point culminant : Mitspe Shlagim, 2 224 m (il s'agit du point culminant nommé, le point culminant réel est un dôme sans nom situé légèrement à l'ouest de Mitspe Shlagim, à 2 236 m ; les deux points se trouvent à la frontière nord-est d'Israël, le long de l'extrémité sud de la chaîne de montagnes de l'Anti-Liban.). Point le plus bas : mer Morte, -431 m. Altitude moyenne : 508 m.

Ressources naturelles

Bois, potasse, minerai de cuivre, gaz naturel, phosphate, bromure de magnésium, argile, sable.

Terre irriguée

2 159 km^2 (est. 2020).

Principaux lacs (superficie en km^2)

Lac(s) d'eau salée : mer Morte (partagée avec la Jordanie et la Cisjordanie), 1 020 km^2.

Note. Lac endoréique hypersalin ; 9,6 fois plus salé que l'océan ; le rivage du lac se trouve à 431 mètres au-dessous du niveau de la mer.

Risques naturels

Tempêtes de sable au printemps et en été ; sécheresses ; tremblements de terre périodiques.

POPULATION ET SOCIÉTÉ

Population

9 043 387 (est. 2023). (Comprend les populations du plateau du Golan ou du sous-district du Golan, ainsi que Jérusalem-Est, qui a été annexée par Israël après 1967.)

Note. Environ 236 600 colons israéliens vivent à Jérusalem-Est (2021) ; à la suite de la reconnaissance par les États-Unis, en mars 2019, du plateau du Golan comme faisant partie d'Israël, le *World Factbook* n'inclut plus la population des colons israéliens du plateau du Golan (estimée à 23 400 en 2019) dans son total global de colons israéliens.

Groupes ethniques

Juifs : 73,5 % (dont 79,7 % nés en Israël, 14,3 % nés en Europe/Amérique/Océanie, 3,9 % nés en Afrique, 2,1 % nés en Asie). Arabes : 21,1 %. Autres : 5,4 % (est. 2022).

Langues

Hébreu (officielle), arabe (statut spécial en vertu de la loi israélienne), anglais (langue étrangère la plus utilisée).

Religions

Juifs : 73,5 %. Musulmans : 18,1 %. Chrétiens : 1,9 %. Druzes : 1,6 %. Autres : 4,9 % (est. 2022).

Âge moyen

Total : 30,1 ans (est. 2023). Hommes : 29,5 ans. Femmes : 30,7 ans.

Taux de croissance de la population

1,56 % (est. 2023).

Taux de natalité

19,3 naissances/1 000 habitants (est. 2023).

Taux de mortalité

5,6 décès/1 000 habitants (est. 2023).

Taux de migration nette

1,9 migrant/1 000 habitants (est. 2023).

Répartition de la population

La population est concentrée à Tel-Aviv et dans ses environs, ainsi qu'autour de la mer de Galilée. Le sud reste peu peuplé, à l'exception du littoral du golfe d'Aqaba.

Urbanisation

Population urbaine : 92,9 % de la population totale (2023). Taux d'urbanisation annuel : 1,51 % (est. 2020-2025).

Grandes zones urbaines – population

Tel Aviv-Yafo : 4,421 M d'habitants. Haifa : 1,174 M d'habitants. Jérusalem (capitale) : 970 000 habitants (est. 2023).

Note. Les États-Unis ont reconnu Jérusalem comme capitale d'Israël en décembre 2017, sans prendre position sur les limites précises de la souveraineté israélienne.

Espérance de vie à la naissance

Population totale : 82,2 ans (est. 2023). Hommes : 80,2 ans. Femmes : 84,3 ans.

Taux de fécondité total

2,94 enfants nés/femme (est. 2023).

Taux brut de reproduction

1,44 (est. 2023).

Dépenses de santé courantes

8,3 % du PIB (est. 2020).

Densité de médecins

3,63 médecins/1 000 habitants (est. 2020).

Densité de lits d'hôpitaux

3 lits/1 000 habitants (est. 2018).

Dépenses d'éducation

7,1 % du PIB (est. 2020).

Alphabétisation

Définition : 15 ans et plus savent lire et écrire. Population totale : 97,8 %. Hommes : 98,7 %. Femmes : 96,8 % (2011 est.).

Taux de chômage des jeunes (15-24 ans)

Total : 8,8 %. Hommes : 8,4 %. Femmes : 9,2 %. (est. 2021).

ENVIRONNEMENT

Enjeux actuels

Terres arables limitées et ressources naturelles en eau douce restreintes. Désertification. Pollution de l'air par les émissions industrielles et automobiles. Pollution des eaux souterraines par les déchets industriels et domestiques, les engrais chimiques et les pesticides.

Accords internationaux

Adhésion à : Biodiversité, Changement climatique, Changement climatique-Protocole de Kyoto, Changement climatique-Accord de Paris, Désertification, Espèces menacées, Déchets dangereux, Interdiction des essais nucléaires, Protection de la couche d'ozone, Pollution par les navires, Zones humides, Chasse à la baleine.

Signée, mais non ratifiée: Interdiction complète des essais nucléaires, Conservation de la vie marine.

Climat

Tempéré; chaud et sec dans les zones désertiques du sud et de l'est.

GOUVERNEMENT

Nom du pays

Forme longue conventionnelle: État d'Israël. Forme courte conventionnelle: Israël. Forme longue locale: Medinat Yisra'el. Forme courte locale: Yisra'el. Ancienne: Palestine mandataire.

Étymologie: le nom vient de l'ancien royaume d'Israël; selon la tradition biblique, le patriarche juif Jacob reçut le nom «Israël» («Celui qui lutte avec Dieu») après avoir lutté toute une nuit avec un ange du Seigneur; les 12 fils de Jacob devinrent les ancêtres des Israélites, également connus sous le nom des Douze Tribus d'Israël, qui formèrent le royaume d'Israël.

Type de gouvernement

Démocratie parlementaire.

Capitale

Nom: Jérusalem.

Note. Les États-Unis ont reconnu Jérusalem comme capitale d'Israël en décembre 2017, sans prendre position sur les limites précises de la souveraineté israélienne.

Étymologie: l'établissement de Jérusalem pourrait remonter à 2800 ans avant J.-C.; elle est nommée Urushalim dans des textes égyptiens du XIVe siècle avant J.-C.; *uru-shalim* signifie probablement «fondation de [par] le dieu Shalim» et dérive de l'hébreu/sémitique *yry*, «fonder ou poser une pierre angulaire», et de Shalim, le dieu cananéen du crépuscule et du monde souterrain; Shalim était associé au coucher du soleil et à la paix, et le nom est basé sur la même racine SLM que les mots sémitiques signifiant «paix» (*Salam* en arabe moderne ou *Shalom* en hébreu) ; cette confluence a donc conduit à des interprétations de noms telles que «la ville de la paix» ou «la demeure de la paix».

Indépendance

14 mai 1948 (après le mandat de la Société des nations sous administration britannique).

Fête nationale

Jour de l'indépendance, 14 mai (1948).

Note. Israël a déclaré son indépendance le 14 mai 1948, mais le calendrier juif est lunaire et la fête peut avoir lieu en avril ou en mai.

Constitution

Historique : pas de constitution formelle ; certaines fonctions d'une constitution sont remplies par la Déclaration d'établissement (1948), les lois fondamentales et la Loi du retour (telle qu'amendée). Derniers amendements : proposés par les ministres du gouvernement israélien ou par la Knesset ; l'adoption requiert un vote à la majorité des membres de la Knesset et est soumise au contrôle judiciaire de la Cour suprême ; 11 des 13 lois fondamentales ont été amendées au moins une fois, la dernière fois en 2020 (loi fondamentale : la Knesset).

Système légal

Système légal mixte composé de la *common law* anglaise, des règlements du mandat britannique et des lois religieuses juives, chrétiennes et musulmanes.

Participation à des organisations de droit international

N'a pas soumis de déclaration de compétence à la CIJ ; a retiré son acceptation de la compétence de la CPI en 2002.

Citoyenneté

Nationalité de naissance : non. Nationalité uniquement par filiation : au moins un des parents doit être citoyen israélien. Double citoyenneté reconnue : oui, mais les citoyens naturalisés ne sont pas autorisés à conserver la double citoyenneté. Condition de résidence pour la naturalisation : 3 ans sur les 5 années précédant la naturalisation.

Note. La loi israélienne (loi du retour, 5 juillet 1950) prévoit l'octroi de la citoyenneté à tout Juif – défini comme une personne née d'une mère juive ou s'étant convertie au judaïsme en renonçant à toute autre religion – qui immigre en Israël et exprime le désir de s'y installer sur la base du droit d'*alya* ; l'amendement de 1970 de cette loi a étendu ce droit aux membres de la famille, y compris le conjoint d'un Juif, tout enfant ou petit-enfant, et les conjoints des enfants et petits-enfants.

Droit de vote

18 ans. Universel. 17 ans pour les élections municipales.

Exécutif

Chef d'État : président Isaac Herzog (depuis le 7 juillet 2021).

Chef du gouvernement : Premier ministre Benyamin Netanyahu (depuis le 29 décembre 2022).

Cabinet : cabinet choisi par le Premier ministre et approuvé par la Knesset.

Élections/nominations : le président est élu indirectement par la Knesset pour un mandat unique de 7 ans ; les dernières élections ont eu lieu le 2 juin 2021. À la suite des élections législatives, le président, en consultation avec les chefs de parti, charge un membre de la Knesset (généralement le membre du parti le plus important) de former un nouveau gouvernement.

Législatif

Description : Knesset monocamérale (120 sièges ; les membres sont élus directement dans une circonscription nationale unique au scrutin proportionnel fermé de liste de parti, avec un seuil de 3,25 % des voix pour être représenté ; les membres ont un mandat de 4 ans).

Élections : les dernières ont eu lieu le 1er novembre 2022.

Judiciaire

Plus hautes juridictions : la Cour suprême (composée du président, du vice-président, de 13 juges et de 2 greffiers) siège normalement en formation de 3 juges ; dans des cas particuliers, la formation est élargie avec un nombre impair de juges.

Sélection des juges et durée du mandat : les juges sont sélectionnés par le Comité de sélection des juges, composé de 9 membres, dont le ministre de la Justice (président), le président de la Cour suprême, deux autres juges de la Cour suprême, un autre ministre, deux membres de la Knesset et deux représentants de l'Association du barreau israélien ; les juges peuvent exercer leurs fonctions jusqu'à la retraite obligatoire à l'âge de 70 ans.

Tribunaux subordonnés : tribunaux de district et tribunaux d'instance ; tribunaux du travail nationaux et régionaux ; tribunaux de la famille et tribunaux pour mineurs ; tribunaux spéciaux et tribunaux rabbiniques.

Partis politiques et dirigeants

Balad [Sami Abu Shehadeh]. Bleu et blanc [Benny Gantz]. Hadash [Ayman Odeh]. Pouvoir juif (Otzma Yehudit) [Itamar Ben Gvir]. Parti travailliste ou HaAvoda [Merav Michaeli]. Likoud [Binyamin Netanyahu]. Meretz [vacant]. Unité nationale [alliance comprenant Bleu et Blanc et Nouvelle Espérance]. Nouvelle Espérance [Gideon Sa'ar]. Noam [Avi Maoz]. Sionisme religieux [Bezalel Smotrich] (alliance électorale du Parti sioniste religieux, du Pouvoir juif (Otzma Yehudit) et de Noam). Parti sioniste religieux [Bezalel Smotrich]. Shas [Aryeh Deri]. Ta'al [Ahmad Tibi]. Liste arabe unie [Mansour ABBAS]. Judaïsme uni de la Torah ou UTJ [Moshe Gafni] (alliance comprenant Agudat Israël et Degel HaTorah). Yesh Atid [Yair Lapid]. Yisrael Beiteinu [Avigdor Lieberman].

Participation à des organisations internationales

BRI, BSEC (observateur), CE (observateur), CERN, CICA, BERD, FAO, BID, AIEA, BIRD, OACI, CCI (comités nationaux), ICRM, IDA, FIDA, SFI, IFRCS, OIT, FMI, OMI, IMSO, Interpol, COI, OIM, UIP, ISO, ITSO, UIT, CSI (ONG), MIGA, OEA (observateur), OCDE, OIAC (signataire), OSCE (partenaire), Alliance du Pacifique (observateur), Club de Paris, PCA, SELEC (observateur), ONU, CNUCED, UNESCO, HCR, ONUDI, OMT, UPU, OMD, OMS, OMPI, OMM, OMC.

ÉCONOMIE

Aperçu

Économie à haut revenu, basée sur la technologie et l'industrie ; main-d'œuvre très dense et à croissance rapide ; récents pics d'endettement ; inégalités et pauvreté persistantes ; charges tarifaires et réglementaires importantes, en particulier dans l'agriculture ; assouplissement quantitatif en vigueur.

PIB réel (parité de pouvoir d'achat)

393,861 milliards de dollars (est. 2021).

Note. Les données sont exprimées en dollars de 2017.

Taux de croissance du PIB réel

8,61 % (est. 2021).

PIB réel par habitant

42 100 $ (est. 2021).

PIB (taux de change officiel)

394,93 milliards de dollars (est. 2019).

Taux d'inflation (prix à la consommation)

1,49 % (est. 2021).

Taux de chômage

5,05 % (est. 2021).

Taux de chômage des jeunes (15-24 ans)

Total : 8,8 %. Hommes : 8,4 %. Femmes : 9,2 % (est. 2021).

Population en dessous du seuil de pauvreté

22 % (est. 2014).

Note. Le seuil de pauvreté en Israël est de 7,30 $ par personne et par jour.

Coefficient de l'indice de Gini – répartition du revenu familial

38,6 (est. 2018).

Revenu ou consommation des ménages en pourcentage

10 % les plus bas : 1,7 %. 10 % les plus élevés : 31,3 % (2010).

Budget

Revenus : 139,374 milliards de dollars (est. 2019). Dépenses : 154,927 milliards de dollars (est. 2019).

Excédent (+) ou déficit (-) budgétaire

–2 % (du PIB) (est. 2017).

Dette publique

72,6 % du PIB (est. 2020).

Exportations - partenaires

États-Unis : 27 %. Chine : 8 %. Inde : 4 %. Allemagne : 3 %. Irlande : 3 % (est. 2021).

Note. Environ 6 % des exportations israéliennes sont destinées à la bande de Gaza et à la Cisjordanie, mais les données officielles ne sont pas disponibles individuellement pour les territoires palestiniens.

Exportations - produits de base

Diamants, circuits intégrés, pétrole raffiné, instruments médicaux, médicaments conditionnés, instruments de mesure (2021).

Importations - partenaires

États-Unis : 12 %. Chine : 11 %. Allemagne : 7,5 %. Suisse : 7 %. Turquie : 6 % (2020).

Importations - marchandises

Diamants, voitures, pétrole brut, pétrole raffiné, matériel de radiodiffusion (2021).

Dette externe

132,5 milliards de dollars (est. 31 décembre 2020).

COMMUNICATIONS

Aperçu. L'économie développée d'Israël repose largement sur des produits et services de haute technologie, principalement utilisés dans les industries médicale, biotechnologique, agricole, des matériaux et militaire ; le pays attire également des investissements dans son industrie de la cybersécurité et s'est imposé comme un pôle pour des milliers de start-up ; pour étayer ces développements, Israël a développé un secteur des télécommunications robuste ; les abonnements à large bande domestiques sont élevés, avec un accent sur le déploiement de réseaux de fibre optique ; les services LTE sont presque universellement disponibles, tandis que les bandes multi-fréquences d'août 2020 ont également permis aux opérateurs mobiles de fournir des services basés sur la 5G ; la 5G sera soutenue par des mesures visant à fermer progressivement les réseaux GSM et 3G d'ici la fin de 2025, les actifs physiques et les fréquences devant être réaffectés à l'utilisation de la LTE et de la 5G (2023).

MILITAIRE ET SÉCURITÉ

Forces militaires et de sécurité

Forces de défense israéliennes (FDI) : Forces terrestres, Force navale israélienne (FNI, inclut les commandos), Force aérienne israélienne (FAI, inclut la défense aérienne) (2023).

Note 1. La police nationale, y compris la police des frontières et la police de l'immigration, relève du ministère de la Sécurité publique.
Note 2. L'Agence israélienne de sécurité (ISA) est chargée de lutter contre le terrorisme et l'espionnage en Israël, en Cisjordanie et dans la bande de Gaza ; elle relève de l'autorité du Premier ministre ; les forces de l'ISA opérant en Cisjordanie relèvent des FDI pour les opérations et les débriefings opérationnels.

Dépenses militaires

4,5 % du PIB (est. 2022).

Points forts du personnel militaire et des services de sécurité.

Estimation d'environ 170 000 personnes en service actif (130 000 pour les forces terrestres, 10 000 pour la marine, 30 000 pour l'armée de l'air) (2023).

Inventaires et acquisitions d'équipements militaires

La majorité de l'inventaire des FDI est composée d'armes produites domestiquement ou importées d'Europe et des États-Unis ; les États-Unis ont été le principal fournisseur d'armes ces dernières années ; Israël dispose d'une base industrielle de défense diversifiée capable de développer, produire, soutenir et maintenir une grande variété de systèmes d'armes pour un usage domestique et à l'exportation, notamment des véhicules blindés, des systèmes aériens sans pilote, de la défense aérienne et des missiles guidés (2023).

Âge et obligation du service militaire

18 ans pour le service militaire obligatoire. 17 ans pour le service militaire volontaire ; les juifs et les druzes peuvent être enrôlés. Les chrétiens, les circassiens et les musulmans peuvent s'engager volontairement. Les deux sexes sont obligés de servir dans l'armée. L'obligation de service pour les engagés est de 32 mois pour les hommes et d'environ 24 mois pour les femmes engagées (varie en fonction de l'occupation militaire). Les officiers servent 48 mois. Les pilotes de l'aviation de l'armée de l'air s'engagent pour 9 ans de service. Obligation de réserve jusqu'à l'âge de 41-51 ans (hommes), 24 ans (femmes) (2023).

Note 1. Les femmes servent dans l'armée israélienne depuis sa création en 1948 ; en 2021, les femmes représentaient environ 35 % du personnel des FDI ; plus de 90 % des spécialités militaires, y compris les spécialités de combat, étaient ouvertes aux femmes et plus de 3 000 femmes servaient dans des unités de combat ; le premier bataillon d'infanterie mixte des FDI, le bataillon Caracal, a été créé en 2004.

Note 2. Les conscrits représentent environ 70 % des forces terrestres actives des FDI.

Note 3. Les FDI recrutent des juifs non-israéliens et des non-juifs ayant au moins un grand-parent juif, ainsi que des convertis au judaïsme ; chaque année, les FDI recrutent environ 800 à 1 000 recrues étrangères du monde entier.

Remarque

Les FDI ont la responsabilité de la défense externe mais ont également certaines responsabilités en matière de sécurité intérieure ; leurs principaux objectifs opérationnels incluent la menace posée par l'Iran, l'instabilité en Syrie et les organisations terroristes, dont le Hamas et le Hezbollah, tous deux soutenus par l'Iran, le Jihad islamique de Palestine (JIP) et l'État islamique en Irak et au Levant ; elles ont une expérience considérable dans les guerres conventionnelles et non conventionnelles ; depuis la fondation du pays en 1948, les FDI ont été engagées dans des conflits contre un ou plusieurs de ses voisins arabes en 1948-1949, 1956, 1967, 1967-1970 («guerre d'usure»), 1973, 1982, et 2006; elles ont bombardé des sites nucléaires en Irak en 1981 et en Syrie en 2007, et, depuis le début de la guerre civile syrienne en 2011, elles ont mené de nombreuses frappes aériennes en Syrie contre des forces iraniennes, des milices soutenues par l'Iran et le gouvernement syrien; sur la même période, elles ont mené des frappes contre le Hezbollah au Liban en réponse à des attaques contre le territoire israélien; ces frappes ont suivi une invasion israélienne du Liban en 2006, également pour réprimer des attaques du Hezbollah; les FDI ont mené des opérations contre le Hamas et le JIP, qui opèrent depuis la bande de Gaza et ont lancé de nombreuses attaques à la roquette contre Israël; le Hamas et Israël se sont affrontés lors d'un conflit de 11 jours en 2021, qui s'est terminé par un cessez-le-feu informel, bien que des affrontements sporadiques aient continué; en octobre 2023, le Hamas a mené une attaque terrestre surprise en Israël, soutenue par des roquettes et des drones armés, tuant plus de 1 000 Israéliens et étrangers vivant en Israël; l'attaque a déclenché une autre guerre avec Israël, comprenant une invasion terrestre des FDI à Gaza; les FDI ont également mené des opérations de sécurité contre les Palestiniens dans les territoires palestiniens occupés de Jérusalem-Est et de la Cisjordanie.

Depuis sa création à partir de milices juives armées pendant la première guerre israélo-arabe en 1948-1949, les FDI, en particulier la Force terrestre, sont guidées par la nécessité de mobiliser rapidement et de défendre le territoire du pays contre des pays voisins numériquement supérieurs; la Force terrestre dispose d'une force de combat active relativement petite d'environ 10 brigades blindées, mécanisées, parachutistes et de commandos/forces spéciales, plus un corps d'artillerie, soutenue par une grande force de réservistes entraînés – environ 300-400 000 personnes – qui peuvent être mobilisés rapidement dans des dizaines de brigades de combat; la Force terrestre contrôle également la force de missiles balistiques d'Israël; la Force aérienne dispose d'environ 250 avions de combat modernes fabriqués aux États-Unis, ainsi que d'un des systèmes de défense antimissile de théâtre les plus avancés au monde; la marine est principalement une force de défense côtière avec un inventaire petit mais croissant et largement moderne ; ses principaux navires de guerre de surface sont 7 corvettes construites en Allemagne et aux États-Unis, complétées par une petite flottille de navires de missiles et six sous-marins d'attaque fabriqués en Allemagne.

Le principal partenaire en matière de sécurité d'Israël est les États-Unis ; conformément à un mémorandum d'entente de 10 ans (2019-2028), les États-Unis fournissent chaque année plus de 3 milliards de dollars de financement militaire et de programmes militaires coopératifs, tels que la défense antimissile ; les États-Unis fournissent également à Israël l'accès à des systèmes d'armes militaires produits aux États-Unis, y compris des avions de combat avancés ; Israël a le statut de grand allié non-membre de l'OTAN avec les États-Unis, une désignation en vertu de la loi américaine qui confère à ses partenaires étrangers certains avantages dans les domaines du commerce de défense et de la coopération en matière de sécurité.

La Force de surveillance du désengagement des Nations unies (UNDOF) opère dans le Golan entre Israël et la Syrie depuis 1974 pour surveiller le cessez-le-feu après la guerre israélo-arabe de 1973 et superviser les zones de séparation entre les deux pays ; l'UNDOF se compose d'environ 1 000 militaires (2023).

ESPACE

Aperçu. Possède l'un des programmes spatiaux les plus avancés de la région ; conçoit, construit et exploite des satellites de communications, de télédétection (RS) et scientifiques ; conçoit, construit et exploite des fusées de recherche et des véhicules de lancement orbital/satellitaire (SLV) ; lance des satellites sur des fusées nationales et étrangères ; recherche et développe une gamme d'autres capacités liées à l'espace avec un accent sur les technologies légères et miniaturisées, y compris les petits satellites avec une résolution RS élevée et des capacités de communication ; entretient des relations avec diverses agences spatiales étrangères et industries spatiales, y compris celles du Canada, de l'Agence spatiale européenne (et des États membres individuels, tels que la France, l'Allemagne et l'Italie), de l'Inde, du Japon, du Mexique et des États-Unis ; dispose d'un secteur spatial commercial substantiel, y compris des entreprises d'État, dans des domaines tels que les lanceurs, la propulsion, la fabrication de satellites, en particulier de micro- et de nano-satellites, les charges utiles et les applications, RS, communications et stations terriennes (2023).

TERRORISME

Groupes terroristes

État islamique en Irak et au Levant (EIIL) ; Front populaire de libération de la Palestine ; Jihad islamique palestinien ; Hamas.

QUESTIONS INTERNATIONALES

Litiges internationaux

Israël-Bande de Gaza. – Israël a retiré ses colons et son armée de la bande de Gaza et de quatre colonies en Cisjordanie en août 2005.

Israël-Syrie. – Le plateau du Golan est sous contrôle israélien (le Liban revendique la région des fermes de Shab'a sur le plateau du Golan) ; en mars 2019, le gouvernement américain a reconnu la souveraineté d'Israël sur le plateau du Golan ; depuis 1948, environ 350 casques bleus de l'Organisme de surveillance de la trêve des Nations unies, basé à Jérusalem, surveillent les cessez-le-feu, supervisent les accords d'armistice, empêchent les incidents isolés de s'aggraver et aident d'autres personnels des Nations unies dans la région.

Israël-Cisjordanie. – La Cisjordanie est occupée par Israël et son statut actuel est soumis à l'Accord intérimaire israélo-palestinien – le statut définitif doit être déterminé par des négociations supplémentaires ; en 2002, Israël a commencé la construction d'une barrière de séparation le long de certaines parties de la Ligne verte et à l'intérieur de la Cisjordanie ; à la mi-2020, les plans prévoyaient de continuer la construction de la barrière.

Réfugiés et déplacés internes

Réfugiés (pays d'origine) : 12 181 (Érythrée), 5 061 (Ukraine) (2019). Apatrides : 35 (2022).

Drogues illicites

Préoccupations croissantes concernant l'abus d'ecstasy, de cocaïne et d'héroïne ; les drogues arrivent dans le pays en provenance du Liban et, de plus en plus, de la Jordanie ; centre de blanchiment d'argent.

BANDE DE GAZA

CONTEXTE HISTORIQUE

La bande de Gaza est sous l'autorité *de facto* du Mouvement de la résistance islamique (Hamas) depuis 2007 et a fait face à des années de conflit, de pauvreté et de crises humanitaires. Habitée depuis au moins le XVe siècle av. J.-C., la région de la bande de Gaza a été dominée par de nombreux peuples et empires différents tout au long de son histoire ; elle a été intégrée dans l'Empire ottoman au début du XVIe siècle. La bande de Gaza est tombée aux mains des forces britanniques pendant la Première Guerre mondiale, devenant une partie du Mandat britannique de Palestine. À la suite de la guerre arabo-israélienne de 1948, l'Égypte a administré la bande de Gaza nouvellement formée ; Israël l'a capturée lors de la guerre des Six Jours en 1967. Dans le cadre d'une série d'accords connus sous le nom d'accords d'Oslo signés entre 1993 et 1999, Israël a transféré à l'Autorité palestinienne nouvellement créée la sécurité et la responsabilité civile pour de nombreuses zones de la bande de Gaza peuplées de Palestiniens ainsi que la Cisjordanie.

En 2000, une violente intifada ou soulèvement a commencé en réponse à des provocations israéliennes perçues, et en 2001, les négociations visant à déterminer le statut permanent de la Cisjordanie, de Jérusalem-Est et de la bande de Gaza ont été suspendues. Les tentatives ultérieures de relancer les négociations n'ont pas abouti à des progrès vers la détermination du statut final et la résolution du conflit israélo-palestinien. À la fin de 2005, Israël a unilatéralement retiré tous ses colons et soldats et démantelé ses installations militaires dans la bande de Gaza, mais continue de contrôler les frontières terrestres, les eaux territoriales maritimes, le cyberespace, les télécommunications et l'espace aérien de la bande de Gaza. Début 2006, le Hamas a remporté une majorité aux élections du Conseil législatif palestinien. Le Fatah, la faction politique palestinienne dominante en Cisjordanie, et le Hamas n'ont pas réussi à maintenir un gouvernement d'unité, ce qui a conduit à des affrontements violents entre leurs partisans respectifs et à la prise violente par le Hamas de toutes les institutions militaires et gouvernementales de l'Autorité palestinienne dans la bande de Gaza en juin 2007. Depuis la prise de contrôle du Hamas, Israël et l'Égypte ont imposé de strictes restrictions sur les déplacements et l'accès des biens et des personnes vers et depuis le territoire. Depuis lors, le Fatah et le Hamas ont négocié une série d'accords visant à rétablir l'unité politique entre la bande de Gaza et la Cisjordanie, mais ont eu du mal à les mettre en œuvre.

Les militants palestiniens de la bande de Gaza et les forces de défense israéliennes échangent périodiquement des projectiles et des frappes aériennes, menaçant un conflit plus large. En mai 2021, le Hamas a lancé des roquettes sur Israël, déclenchant un conflit de 11 jours qui a également impliqué d'autres groupes militants basés à Gaza. L'Égypte, le Qatar et le Coordinateur spécial des Nations unies pour le processus de paix au Moyen-Orient ont négocié des cessez-le-feu, évitant un conflit plus large. Depuis 2018, le Hamas coordonne également des manifestations le long de la clôture de sécurité entre Gaza et Israël. Beaucoup de ces manifestations ont dégénéré en violence, entraînant la mort et des blessures de plusieurs soldats israéliens ainsi que plus de 200 morts palestiniens et des milliers de blessés, la plupart survenant lors des manifestations hebdomadaires de la Marche du retour de 2018 à fin 2019. Le Hamas est également resté passif tandis que d'autres groupes militants, tels que le Jihad islamique palestinien, ont mené de brefs conflits avec Israël, les plus récents en août 2022 et mai 2023.

Le 7 octobre 2023, des militants du Hamas à l'intérieur de la bande de Gaza ont lancé une attaque combinée de roquettes non guidées et terrestres contre Israël. L'attaque a commencé par un barrage de plus de 3 000 roquettes tirées vers Israël depuis Gaza, et comprenait des milliers de terroristes infiltrant Israël par voie terrestre, maritime et aérienne *via* des parapentes. Les militants ont attaqué des bases militaires, affronté les forces de sécurité principalement dans le sud d'Israël, et se sont simultanément infiltrés dans des communautés civiles. Pendant l'attaque, les terroristes ont perpétré des massacres et assassiné des civils, notamment des actes de torture, de mauvais traitements et de viol, un massacre lors du festival de musique Supernova près du kibboutz Re'im, ainsi que l'enlèvement d'environ 240 civils, dont des hommes, des femmes, des enfants et des soldats. Ces attaques ont été suivies peu après par des frappes aériennes des Forces de défense israéliennes (FDI) à l'intérieur de Gaza. Le lendemain, le Premier ministre israélien Netanyahu a formellement déclaré la guerre à Gaza. Les FDI, le 28 octobre, ont lancé une grande offensive terrestre à l'intérieur de Gaza qui est en cours en janvier 2024.

GÉOGRAPHIE

Emplacement

Moyen-Orient, bordant la mer Méditerranée, entre l'Égypte et Israël.

Superficie

360 km^2. Terre : 360 km^2. Eau : 0 km^2.

Frontières terrestres

72 km. 2 pays frontaliers : Égypte (13 km), (Israël 59 km).

Littoral

40 kilomètres.

Revendications maritimes

Voir l'entrée pour Israël.

Note. Depuis le 3 janvier 2009, la zone maritime de Gaza est fermée à tout trafic maritime et est soumise à un blocus imposé par la marine israélienne jusqu'à nouvel ordre.

Climat

Tempéré, hivers doux, étés secs et chauds à très chauds.

Terrain

Plaine côtière plate à vallonnée, couverte de sable et de dunes.

Altitude

Point culminant : Abu 'Awdah (Joz Abu 'Awdah), 105 m. Point le plus bas : mer Méditerranée, 0 m.

Ressources naturelles

Terres arables, gaz naturel.

Terre irriguée

151 km^2 (est. 2013).

Note. Comprend la Cisjordanie.

Risques naturels

Sécheresses.

Note géographique

Autrefois une bande de terre stratégique le long des routes commerciales du Moyen-Orient et de l'Afrique du Nord qui a connu une histoire incroyablement turbulente ; la ville de Gaza elle-même a été assiégée d'innombrables fois dans son histoire ; Israël a évacué ses colonies civiles et ses soldats de la bande de Gaza en 2005.

POPULATION ET SOCIÉTÉ

Population

2 098 389 (est. 2023).

Groupe ethnique

Arabes palestiniens.

Langues

Arabe, hébreu (parlé par de nombreux Palestiniens), anglais (largement compris).

Religions

Musulmans : 98,0 – 99,0 % (principalement sunnites). Chrétiens : < 1,0 %. Autres, non affiliés, non spécifiés : < 1,0 % (est. 2012).

Note. Israël a démantelé ses colonies en septembre 2005 ; Gaza n'a plus de population juive depuis lors.

Âge moyen

Total : 19,2 ans. Hommes : 18,9 ans. Femmes : 19,5 ans (est. 2023).

Taux de croissance de la population

2,07 % (est. 2023).

Taux de natalité

27,5 naissances/1 000 habitants (est. 2023).

Taux de mortalité

3 décès/1 000 habitants (est. 2023).

Taux de migration nette

–3,8 migrants/1 000 habitants (est. 2023).

Répartition de la population

La population est concentrée dans les grandes villes, en particulier Gaza City au nord.

Urbanisation

Population urbaine : 77,6 % de la population totale (2023). Taux d'urbanisation : 2,85 % (est. 2020-2025).

Note. Les données représentent la bande de Gaza et la Cisjordanie.

Grandes zones urbaines – population

Gaza : 778 000 (2023).

Espérance de vie à la naissance

Population totale : 74,8 ans (est. 2023). Hommes : 73 ans. Femmes : 76,8 ans.

Taux de fécondité total

3,38 enfants nés/femme (est. 2023).

Taux brut de reproduction

1,64 (est. 2023).

Densité de médecins

2,71 médecins/1 000 habitants (2020).

Densité de lits d'hôpitaux

1,3 lit/1 000 habitants (2019).

Note. L'est. concerne la bande de Gaza et la Cisjordanie.

Dépenses d'éducation

5,3 % du PIB (2021).

Note. Les données incluent Gaza et la Cisjordanie.

Alphabétisation

Définition : âge de 15 ans et plus sachant lire et écrire. Population totale : 95,3 %. Hommes : 97,4 %. Femmes : 93,4 % (est. 2023).

Note. Les données représentent la bande de Gaza et la Cisjordanie.

Taux de chômage des jeunes (15-24 ans)

Total : 39,6 %. Hommes : 33,7 %. Femmes : 69 % (est. 2021).

Note. Comprend la Cisjordanie.

ENVIRONNEMENT

Enjeux actuels

Dégradation des sols ; désertification ; pollution de l'eau par les produits chimiques et les pesticides ; salinisation de l'eau douce ; traitement inadéquat des eaux usées ; maladies transmises par l'eau ; épuisement et contamination des ressources en eau souterraines.

GOUVERNEMENT

Nom du pays

Forme longue conventionnelle : aucune. Forme courte conventionnelle : Gaza, bande de Gaza. Forme longue locale : aucune. Forme courte locale : Qita'Ghazzah.

Étymologie : du nom de la plus grande ville de l'enclave, Gaza, dont le peuplement remonte au moins au XVe siècle avant J.-C. (sous le nom de « Ghazzat »).

ÉCONOMIE

PIB réel (parité de pouvoir d'achat)

27,779 milliards de dollars (est. 2021).

Note. Voir l'entrée pour la Cisjordanie.

Taux de croissance du PIB réel

7,05 % (est. 2021).

Note. Exclut la Cisjordanie.

PIB réel par habitant

5 600 $ (est. 2021).

Note. Voir l'entrée pour la Cisjordanie.

Taux d'inflation (prix à la consommation)

1,24 % (est. 2021).

Note. Exclut la Cisjordanie.

Taux de croissance de la production industrielle

6,22 % (est. 2021).

Note. Voir l'entrée pour la Cisjordanie.

Population active

1,249 million (est. 2021).

Note. Exclut la Cisjordanie.

Taux de chômage

24,9 % (est. 2021).

Note. Les données excluent la Cisjordanie.

Taux de chômage des jeunes (15-24 ans)

Total : 39,6 %. Hommes : 33,7 %. Femmes : 69 % (est. 2021).

Note. Inclut la Cisjordanie.

Population en dessous du seuil de pauvreté

30 % (est. 2011).

Note. Les données excluent la Cisjordanie.

Coefficient de l'indice de Gini – répartition du revenu familial

33,7 (est. 2016).

Budget

Revenus : 3,803 milliards de dollars (est. 2020). Dépenses : 5,002 milliards de dollars (est. 2020).

Note. Voir l'entrée pour la Cisjordanie.

Exportations

3,18 milliards de dollars (est. 2021).

Exportations – produits de base

Pierre de construction, ferraille, couvercles en plastique, meubles, sièges, dattes, huile d'olive (2021).

Note. Les données incluent les produits d'exportation de la bande de Gaza et de la Cisjordanie.

Importations

10,245 milliards de dollars (est. 2021).

Note. Voir l'entrée pour la Cisjordanie.

Importations – produits de base

Alimentation, biens de consommation, carburant.

Dette externe

Note. Voir l'entrée pour la Cisjordanie.

COMMUNICATIONS

Aperçu. Israël, qui contrôle les fréquences et les infrastructures de télécommunications palestiniennes, limite la vitesse de l'internet mobile dans les territoires palestiniens à des niveaux nettement inférieurs à ceux d'Israël et des colonies juives de Cisjordanie ; la Banque mondiale a exhorté Israël à laisser les entreprises cellulaires palestiniennes mettre en place des réseaux plus avancés et à assouplir les restrictions sur l'importation des équipements nécessaires à leur construction et à leur exploitation ; Israël déploie une technologie de cinquième génération pour ses citoyens, tandis que la Cisjordanie fonctionne avec la 3G et Gaza avec la 2G ; les opérateurs de téléphonie mobile israéliens ne desservent pas officiellement les zones palestiniennes, mais de nombreux Palestiniens utilisent les réseaux israéliens plus rapides avec des cartes SIM ; le *Times of Israel* a rapporté en novembre qu'Israël avait provisoirement accepté de laisser les opérateurs palestiniens lancer des services 4G (2022).

Radiodiffusion

1 chaîne de télévision et environ 10 stations de radio ; la télévision par satellite est accessible.

MILITAIRE ET SÉCURITÉ

Points forts du personnel militaire et des services de sécurité

L'aile militaire du Hamas compte environ 20 à 25 000 combattants (2023).

Inventaires et acquisitions d'équipements militaires

L'aile militaire est équipée d'armes légères, y compris un inventaire de roquettes, d'armes antichars, d'armes antiaériennes, de tirs indirects (généralement des mortiers) et de drones armés ; le Hamas acquiert ses armes par la contrebande ou la construction locale et reçoit un soutien militaire important de la part de l'Iran (2024).

Remarque

Depuis qu'il a pris le contrôle de la bande de Gaza en 2007, le Hamas a eu des affrontements répétés avec Israël, notamment des conflits armés en 2008-2009, 2012, 2014, 2021 et 2023 ; le Jihad islamique palestinien (PIJ) opère également dans la bande de Gaza et a coopéré avec le Hamas.

TERRORISME

Groupes terroristes

Armée de l'Islam ; Brigades Abdallah Azzam ; Brigade des martyrs d'al-Aqsa ; Hamas ; Corps des gardiens de la révolution islamique/Force Qods ; État islamique d'Irak et d'al-Cham – Province du Sinaï (ISIS-SP) ; Conseil de la Choura des moudjahidines des environs de Jérusalem ; Jihad islamique palestinien (PIJ) ; Front de libération de la Palestine ; Front populaire de libération de la Palestine (FPLP) ; Commandement général du FPLP.

QUESTIONS INTERNATIONALES

Litiges internationaux

Les frontières avec l'Égypte et Israël sont fermées par des barrières, des clôtures et des murs. Israël a achevé la construction d'une barrière souterraine anti-tunnel en 2021.

Réfugiés et déplacés internes

Réfugiés (pays d'origine) : 1,6 million (réfugiés palestiniens) (2022). Personnes déplacées : 1,7 million, soit environ 75 % de la population (au 26 janvier 2024, depuis l'attaque du Hamas contre Israël le 7 octobre 2023). 1,6 million (comprend les personnes déplacées dans la bande de Gaza en raison de l'intensification du conflit israélo-palestinien entre juin 2014 et le 7 octobre 2023 et d'autres personnes déplacées palestiniennes dans la bande de Gaza et en Cisjordanie qui ont fui dès 1967, bien que les données cumulatives confirmées ne remontent pas au-delà de 2006) (2022).

CISJORDANIE

CONTEXTE HISTORIQUE

La Cisjordanie enclavée, le plus grand des deux territoires palestiniens, abrite environ trois millions de Palestiniens. Habité depuis au moins le XVe siècle av. J.-C., les terres de la région actuellement comprises dans la Cisjordanie ont été dominées par une succession de pouvoirs différents tout au long de son histoire. Dans l'histoire plus récente, elle a été intégrée à l'Empire ottoman au début du XVIe siècle. La région de la Cisjordanie est tombée aux mains des forces britanniques pendant la Première Guerre mondiale, devenant ainsi partie du mandat britannique de Palestine. À la suite de la guerre arabo-israélienne de 1948, la Cisjordanie a été capturée par la Transjordanie (plus tard rebaptisée Jordanie), qui a annexé la Cisjordanie en 1950 ; elle a été capturée par Israël lors de la guerre des Six Jours en 1967. Dans le cadre d'une série d'accords connus sous le nom d'accords d'Oslo signés entre 1993 et 1999, Israël a transféré à l'Autorité palestinienne nouvellement créée (AP) la responsabilité sécuritaire et civile des principales zones peuplées par les Palestiniens en Cisjordanie ainsi que de la bande de Gaza.

En plus d'établir l'AP en tant que gouvernement intérimaire, les accords d'Oslo ont divisé la Cisjordanie en trois zones, l'une entièrement gérée par l'AP (zone A), une autre entièrement administrée par Israël (zone C), et une troisième avec un contrôle partagé (zone B), jusqu'à ce qu'un accord permanent puisse être conclu entre l'Organisation de libération de la Palestine (OLP) et Israël. En 2000, une violente intifada ou soulèvement a éclaté dans les territoires palestiniens, et en 2001 les négociations pour un accord permanent entre l'OLP et Israël sur les questions de statut final ont été suspendues. Les tentatives ultérieures de relancer des négociations directes n'ont pas permis de progresser vers la détermination du statut final de la région.

L'AP a organisé pour la dernière fois des élections nationales en 2006, lorsque le Mouvement de résistance islamique (Hamas) a remporté la majorité des sièges au Conseil législatif palestinien (CLP). Le Fatah, la faction politique palestinienne dominante en Cisjordanie, et le Hamas n'ont pas réussi à maintenir un gouvernement d'unité, ce qui a conduit à des affrontements violents entre leurs partisans respectifs et à la prise violente par le Hamas de toutes les institutions militaires et gouvernementales de l'AP dans la bande de Gaza en juin 2007. En décembre 2018, la Cour constitutionnelle palestinienne a dissous le CLP. Ces dernières années, le Fatah et le Hamas ont tenté à plusieurs reprises une réconciliation, mais les factions n'ont pas été en mesure de mettre en œuvre des accords.

Depuis 1994, l'AP administre certaines parties de la Cisjordanie sous son contrôle, essentiellement les principaux centres de population palestiniens et les zones environnantes immédiates (zone A). Environ 60 % de la Cisjordanie (zone C) reste sous le contrôle civil et militaire israélien complet, entravant la circulation et le commerce des Palestiniens et des biens dans tout le territoire.

GÉOGRAPHIE

Emplacement

Moyen-Orient, à l'ouest de la Jordanie, à l'est d'Israël.

Superficie

5 860 km^2. Terre : 5 640 km^2. Eau : 220 km^2.

Note. Comprend la Cisjordanie, la saillie de Latroun et le quart nord-ouest de la mer Morte, mais exclut le mont Scopus ; Jérusalem-Est et la zone neutre de Jérusalem ne sont également incluses que pour représenter l'ensemble de la zone occupée par Israël en 1967.

Frontières terrestres

Total : 478 km. 2 pays frontaliers : Israël, 330 km ; Jordanie, 148 km.

Littoral

0 kilomètre (enclavé).

Revendications maritimes

Aucune (enclavé).

Climat

Tempéré ; température et précipitations varient avec l'altitude, étés chauds à très chauds, hivers frais à doux.

Relief

Principalement accidenté, plateau entaillé à l'ouest, plaines plates descendant vers la vallée du Jourdain à l'est.

Altitude

Point culminant : Khallat al Batrakh, 1 020 m. Point le plus bas : mer Morte, – 431 m.

Ressources naturelles

Terres arables.

Risques naturels

Sécheresses.

Note géographique

Enclavé ; les hauts plateaux sont la principale zone de recharge des aquifères côtiers d'Israël ; il y a environ 380 sites civils israéliens, dont environ 213 colonies et 132 petites communautés avancées en Cisjordanie et 35 sites à Jérusalem-Est (2017).

POPULATION ET SOCIÉTÉ

Population

3 176 549 (est. 2023).

Note. Environ 468 300 colons israéliens vivent en Cisjordanie

(2022) ; environ 236 600 colons israéliens vivent à Jérusalem-Est (2021).

Groupes ethniques

Arabes palestiniens, Juifs, autres.

Langues

Arabe, hébreu (parlé par les colons israéliens et de nombreux Palestiniens), anglais (largement compris).

Religions

Musulmans : 80-85 % (principalement sunnites). Juifs : 12-14 %. Chrétiens : 1-2,5 % (principalement orthodoxes grecs). Autres, sans affiliation, non spécifiés : < 1 % (est. 2012).

Âge moyen

Total : 21,7 ans. Hommes : 21,5 ans. Femmes : 21,9 ans (est. 2023).

Taux de croissance de la population

2,1 % (est. 2023).

Taux de natalité

28,3 naissances/1 000 habitants (est. 2023).

Taux de mortalité

3,5 décès/1 000 habitants (est. 2023).

Taux de migration nette

–3,9 migrants/1 000 habitants (est. 2023).

Répartition de la population

Les communautés palestiniennes les plus peuplées en Cisjordanie sont situées sur la crête centrale et la moitié ouest de son territoire ; les colonies juives sont réparties dans toute la Cisjordanie, les plus peuplées dans la zone de couture – entre la ligne d'armistice de 1949 et la barrière de séparation – et autour de Jérusalem.

Urbanisation

Population urbaine : 77,6 % du total de la population (2023). Taux d'urbanisation annuel : 2,85 % (est. 2020-2025).

Note. Les données représentent la bande de Gaza et la Cisjordanie.

Espérance de vie à la naissance

Population totale : 75,9 ans (est. 2023). Hommes : 73,7 ans. Femmes : 78,2 ans

Taux de fécondité total

3,54 enfants nés/femme (est. 2023).

Taux de reproduction brut

1,72 (est. 2023).

Densité de médecins

3,25 médecins/1 000 habitants (est. 2020).

Densité de lits d'hôpital

1,3 lit/1 000 habitants (est. 2019).

Dépenses d'éducation

5,3 % du PIB (est. 2018).

Note. Comprend la bande de Gaza et la Cisjordanie.

Alphabétisation

Définition : âge de 15 ans et plus sachant lire et écrire. Population totale : 97,5 %. Hommes : 98,8 %. Femmes : 96,2 % (est. 2020).

Note. Les estimations concernent Gaza et la Cisjordanie.

ENVIRONNEMENT

Enjeux actuels

Adéquation de l'approvisionnement en eau douce ; traitement des eaux usées.

Climat

Tempéré ; la température et les précipitations varient en fonction de l'altitude ; étés chauds, hivers frais et doux.

Urbanisation

Population urbaine : 77,6 % de la population totale (2023). Taux d'urbanisation annuel : 2,85 % (est. 2020-2025).

Note. Les données représentent la bande de Gaza et la Cisjordanie.

GOUVERNEMENT

Nom du pays

Forme longue conventionnelle : aucune. Forme courte conventionnelle : Cisjordanie.

Étymologie : le nom fait référence à la localisation de la région du mandat britannique de Palestine qui a été occupée et administrée par la Jordanie en 1948, car elle est située sur la rive occidentale du Jourdain par rapport à la Jordanie proprement dite ; la désignation a été conservée après la guerre des Six Jours de 1967 et les changements d'administration qui ont suivi.

ÉCONOMIE

PIB réel (parité de pouvoir d'achat)

27,779 milliards de dollars (est. 2021).

Note. Les données sont en dollars de 2017 et incluent la bande de Gaza.

Taux de croissance du PIB réel

7,05 % (est. 2021).

Note. Exclut la bande de Gaza.

PIB réel par habitant

5 600 dollars (est. 2021).

Note. Les données sont en dollars de 2017 et incluent la bande de Gaza.

PIB (taux de change officiel)

9,828 milliards de dollars (est. 2014).

Note. Exclut la bande de Gaza.

Taux d'inflation (prix à la consommation)

1,24 % (est. 2021).

Note. Exclut la bande de Gaza.

Composition du PIB, par secteur d'origine

Agriculture : 2,9 % (est. 2017). Industrie : 19,5 % (est. 2017). Services : 77,6 % (est. 2017).

Note. Exclut la bande de Gaza.

Composition du PIB, par utilisation finale

Consommation des ménages : 91,3 % (est. 2017). Consommation publique : 26,7 % (est. 2017). Investissement en capital fixe : 23 % (est. 2017). Investissement dans les stocks : 0 % (est. 2017). Exportations de biens et services : 20 % (est. 2017). Importations de biens et services : – 61 % (est. 2017).

Note. Exclut la bande de Gaza.

Production agricole

Tomates, concombres, olives, volailles, lait, pommes de terre, lait de brebis, aubergines, courges.

Industries

Fabrication à petite échelle, exploitation de carrières, textiles, savon, sculptures sur bois d'olivier et souvenirs en nacre.

Taux de croissance de la production industrielle

6,22 % (est. 2021).

Note. Inclut la bande de Gaza.

Population active

1,249 million (est. 2021).

Note. Exclut la bande de Gaza.

Taux de chômage

24,9 % (est. 2021).

Note. Exclut la bande de Gaza.

Taux de chômage des jeunes (15-24 ans)

Total : 39,6 % (est. 2021). Hommes : 33,7 %. Femmes : 69 %.

Note. Inclut la bande de Gaza.

Population vivant en dessous du seuil de pauvreté

18 % (est. 2011).

Coefficient de l'indice de Gini – répartition du revenu familial

33,7 (est. 2016).

Note. Inclut la bande de Gaza.

Revenu ou consommation des ménages par part de pourcentage

10 % les plus bas : 3,2 %. 10 % les plus élevés : 28,2 % (est. 2009).

Note. Inclut la bande de Gaza.

Budget

Revenus : 3,803 milliards de dollars (est. 2020). Dépenses : 5,002 milliards de dollars (est. 2020).

Note. Inclut les dépenses de l'Autorité palestinienne dans la bande de Gaza.

Excédent (+) ou déficit (–) budgétaire

0,4 % du PIB (est. 2017).

Dette publique

24,4 % du PIB (est. 2014).

Taxes et autres revenus

18,78 % du PIB (est. 2018).

Solde du compte courant

–1,486 milliard de dollars (est. 2021).

Exportations

3,18 milliards de dollars (est. 2021).

Note. Les données sont en dollars de l'année en cours et incluent la bande de Gaza.

Exportations - produits

Pierres de construction, fer recyclé, couvercles en plastique, meubles, sièges, dattes, huile d'olive (2021).

Note. Les données incluent à la fois les exportations de la bande de Gaza et de la Cisjordanie.

Importations

10,245 milliards de dollars (est. 2021).

Note. Les données sont en dollars de l'année en cours et incluent la bande de Gaza.

Importations - produits

Aliments, biens de consommation, matériaux de construction, pétrole, produits chimiques.

Dette externe

1,662 milliard de dollars (31 mars 2016).

Note. Les données incluent la bande de Gaza.

COMMUNICATIONS

Aperçu. La plupart des sociétés de télécommunications en Cisjordanie et dans la bande de Gaza importent directement auprès de fournisseurs internationaux ; le principal défi auquel elles sont confrontées, ce sont les restrictions israéliennes sur les importations de télécommunications répertoriées comme des produits à « double usage » ; lors d'une visite en Cisjordanie en juillet 2022, le président américain Joe Biden a annoncé que des équipes israéliennes et palestiniennes travailleront ensemble pour déployer une infrastructure avancée pour la 4G ; actuellement, seul le service 2G est disponible à Gaza (2024).

MILITAIRE ET SÉCURITÉ

Points forts du personnel militaire et des services de sécurité

Conformément aux accords d'Oslo, l'AP n'est pas autorisée à avoir une armée conventionnelle mais maintient des forces de sécurité et de police ; le personnel de sécurité de l'AP opère exclusivement en Cisjordanie depuis que le Hamas a pris le pouvoir dans la bande de Gaza en 2007 ; les forces de l'AP comprennent les forces de sécurité nationales, la garde présidentielle, la police civile, la défense civile, l'organisation de sécurité préventive, l'organisation du renseignement général et l'organisation du renseignement militaire (2023).

Note. Les forces de sécurité nationales de l'AP mènent des opérations de sécurité de type gendarmerie dans des circonstances qui dépassent les capacités de la police civile ; il s'agit de la plus grande branche des services de sécurité de l'AP et elle agit en tant que force de sécurité intérieure palestinienne ; la garde présidentielle protège les installations et assure la protection des dignitaires ; l'organisation de sécurité préventive est responsable de la collecte de renseignements internes et des enquêtes liées aux affaires de sécurité intérieure, y compris la dissidence politique.

Dépenses militaires

Non disponible.

Forces du personnel militaire et des services de sécurité.

Les forces de sécurité de l'Autorité palestinienne comptent environ 28 000 membres actifs (2023).

Inventaires et acquisitions d'équipements militaires

Les services de sécurité sont armés principalement de petites armes et d'armes légères ; ces dernières années, ils ont reçu de petites quantités d'équipements de Jordanie, de Russie et des États-Unis (2023).

Âge et obligation du service militaire

Non disponible.

Remarque

Les Forces de défense israéliennes (FDI) sont responsables de la Cisjordanie, mais les forces de sécurité de l'AP ont reçu le contrôle de la sécurité de 17,5 % du territoire (appelé Zone A) en vertu des accords d'Oslo de 1993; l'AP a le contrôle administratif de la Zone B (environ 22 % de la Cisjordanie), mais le contrôle de la sécurité est partagé avec les autorités israéliennes; Israël maintient tout le contrôle administratif et sécuritaire de la Zone C, qui comprend environ 61 % de la Cisjordanie (2023).

TERRORISME

Groupes terroristes

Brigade des martyrs d'Al-Aqsa; Hamas; Kahane Chai; Jihad islamique de Palestine; Front de libération de la Palestine; Front populaire de libération de la Palestine.

QUESTIONS INTERNATIONALES

Litiges internationaux

Cisjordanie-Israël. – La Cisjordanie est occupée par Israël et son statut actuel est soumis à l'Accord intérimaire israélo-palestinien – un statut permanent devant être déterminé par le biais de négociations supplémentaires; en 2002, Israël a commencé la construction d'une barrière de séparation «ligne de couture» le long de certaines parties de la Ligne verte et à l'intérieur de la Cisjordanie; à la mi-2020, des plans étaient en cours pour continuer la construction de la barrière.

Réfugiés et déplacés internes

Réfugiés (pays d'origine): 901 000 (réfugiés palestiniens) (2022). Personnes déplacées internes: 12 000 (comprend les personnes déplacées dans la bande de Gaza en raison de l'intensification du conflit israélo-palestinien depuis juin 2014 et d'autres personnes déplacées palestiniennes dans la bande de Gaza et en Cisjordanie qui ont fui dès 1967, bien que les données cumulatives confirmées ne remontent pas au-delà de 2006) (2022).

Note. Les données représentent la bande de Gaza et la Cisjordanie.

IRAN

CONTEXTE HISTORIQUE

Connu sous le nom de Perse jusqu'en 1935, l'Iran est devenu une république islamique en 1979 après que la monarchie au pouvoir a été renversée et que le Shah Mohammad Reza Pahlavi a été contraint à l'exil. Les forces cléricales conservatrices dirigées par l'ayatollah Ruhollah Khomeini ont établi un système de gouvernement théocratique avec une autorité politique ultime confiée à un érudit religieux, érudit communément appelé le Guide suprême, qui, selon la constitution, rend compte uniquement à l'Assemblée des experts – un organe de 88 membres clercs élus populairement. Les relations entre les États-Unis et l'Iran se sont tendues lorsqu'un groupe d'étudiants iraniens a pris d'assaut l'ambassade des États-Unis à Téhéran en novembre 1979 et retenu en otage le personnel de l'ambassade jusqu'à la mi-janvier 1981. Les États-Unis ont coupé leurs relations diplomatiques avec l'Iran en avril 1980. Pendant la période 1980-1988, l'Iran a mené une guerre sanglante et indécise avec l'Irak qui s'est finalement étendue dans le golfe Persique et a conduit à des affrontements entre la marine américaine et les forces militaires iraniennes. L'Iran a été désigné comme un État soutien du terrorisme et a fait l'objet de sanctions économiques et de contrôles à l'exportation de la part des États-Unis, des Nations unies et de l'Union européenne en raison de son implication continue dans le terrorisme et des préoccupations concernant les dimensions militaires possibles de son programme nucléaire jusqu'au jour de la mise en œuvre du Plan d'action global conjoint (PAGC) en 2016. Les États-Unis ont commencé à réimposer progressivement des sanctions à l'Iran après le retrait des États-Unis du PAGC en mai 2018.

Après l'élection du réformateur Hojjat ol-Eslam Mohammad Khatami à la présidence en 1997 et d'un Majles (législature) réformiste en 2000, une campagne visant à favoriser la réforme politique en réponse à l'insatisfaction populaire a été initiée. Le mouvement a échoué alors que les politiciens conservateurs, soutenus par le Guide suprême, les institutions non élues de l'autorité comme le Conseil des gardiens et les services de sécurité ont inversé et bloqué les mesures de réforme tout en intensifiant la répression sécuritaire. À partir des élections municipales nationales de 2003 puis au travers des élections du Majles en 2004, les conservateurs ont rétabli le contrôle sur les institutions gouvernementales élues de l'Iran, ce qui a culminé avec l'investiture en août 2005 du dur Mahmud Ahmadi-Nejad en tant que président. Sa réélection controversée en juin 2009 a déclenché des manifestations nationales contre des allégations de fraude électorale, qui ont persisté jusqu'au début de 2011. Le caractère indépendant du président Ahmadi-Nejad a irrité les figures de l'establishment du régime, y compris le Guide suprême, entraînant une opposition conservatrice à son programme pour la dernière année de sa présidence et une aliénation de ses partisans politiques. En juin 2013, les Iraniens ont élu un dignitaire centriste, le Dr Hasan Fereidun Ruhani, à la présidence. Membre ancien de haut rang du régime, il a promis de réformer la société et la politique étrangère de l'Iran. En juillet 2015, l'Iran et les cinq membres permanents du CSNU, plus l'Allemagne (P5 + 1), ont finalisé le PAGC en vertu duquel l'Iran a accepté des restrictions sur son programme nucléaire en échange d'un allégement des sanctions ; cependant, les États-Unis ont réimposé des sanctions en 2018, portant un coup au legs de Ruhani et à l'économie iranienne. En novembre 2019, la décision de Téhéran d'augmenter le prix de l'essence du jour au lendemain a déclenché des manifestations nationales, que le régime a réprimées violemment en l'espace d'une semaine. Les conservateurs ont remporté la majorité des sièges aux élections du Majles iranien en février 2020 et le dignitaire conservateur Ebrahim Raisi – qui avait une carrière de plusieurs décennies dans le système judiciaire iranien – a été élu président en juin 2021, aboutissant à un monopole conservateur et dur au sein des institutions élues et non élues du régime.

En tant que président, Raisi s'est concentré sur le renforcement des relations étrangères de l'Iran avec des États anti-américains – notamment la Chine et la Russie – pour résister aux sanctions américaines et à la pression diplomatique, tout en soutenant les négociations en vue de restaurer un accord nucléaire qui ont commencé en 2021. Raisi a dû faire face à des manifestations nationales qui ont débuté en septembre 2022 et ont persisté pendant plus de trois mois après la mort d'une femme kurde iranienne, Mahsa Amini, en garde à vue de la police des mœurs. Les jeunes et les femmes ont mené les manifestations et, contrairement aux périodes précédentes de troubles, cette dernière période de troubles s'est concentrée sur des demandes de changement de régime plutôt que sur la réforme au sein du système ou sur la réparation des griefs économiques.

GÉOGRAPHIE

Emplacement

Moyen-Orient, bordant le golfe d'Oman, le golfe Persique et la mer Caspienne, entre l'Irak et le Pakistan.

Superficie

1 648 195 km^2. Terre : 1 531 595 km^2. Eau : 116 600 km^2.

Frontières terrestres

5 894 km. 7 pays frontaliers : Afghanistan 921 km, Arménie 44 km, Azerbaïdjan 689 km, Irak 1 599 km, Pakistan 959 km, Turquie 534 km, Turkménistan 1 148 km.

Littoral

2 440 kilomètres.

Note. L'Iran borde également la mer Caspienne (740 km).

Revendications maritimes

Mer territoriale : 12 milles nautiques. Zone contiguë : 24 milles nautiques. Zone économique exclusive : accords bilatéraux ou lignes médianes dans le golfe Persique. Plateau continental : prolongement naturel.

Climat

Principalement aride ou semi-aride, subtropical le long de la côte caspienne.

Terrain

Bordure montagneuse accidentée ; bassin central élevé avec des déserts, des montagnes ; petites plaines discontinues le long des deux côtes.

Altitude

Point culminant : Kuh-e Damavand, 5 625 m. Point le plus bas : mer Caspienne, –28 m. Altitude moyenne : 1 305 m.

Ressources naturelles

Pétrole, gaz naturel, charbon, chrome, cuivre, minerai de fer, plomb, manganèse, zinc, soufre.

Risques naturels

Sécheresses périodiques, inondations ; tempêtes de poussière, tempêtes de sable ; tremblements de terre.

Note géographique

Situation stratégique sur le golfe Persique et le détroit d'Ormuz, qui sont des voies maritimes vitales pour le transport de pétrole brut.

POPULATION ET SOCIÉTÉ

Population

87 590 873 (est. 2023).

Groupes ethniques

Persans, Azéris, Kurdes, Lors, Baloutches, Arabes, Turkmènes et tribus turques.

Langues

Persan farsi (officiel), azéri et autres dialectes turcs, kurde, gilaki et mazandarani, louri, baloutchi, arabe.

Religions

Musulmane (officielle) : 98,5 %. Chrétienne : 0,7 %. Baha'i : 0,3 %. Agnostiques : 0,3 %. Autres (inclut zoroastriens, juifs, hindous) : 0,2 % (est. 2020).

Âge moyen

Total : 33,3 ans. Hommes : 33,1 ans. Femmes : 33,5 ans (est. 2023).

Taux de croissance démographique

0,93 % (est. 2023).

Taux de natalité

14,8 naissances/1 000 habitants (est. 2023).

Taux de mortalité

5,2 décès/1 000 habitants (est. 2023).

Taux de migration nette

–0,3 migrant/1 000 habitants (est. 2023).

Répartition de la population

La population est concentrée dans le nord, le nord-ouest et l'ouest, reflétant la position des montagnes Zagros et Elbourz ; les vastes zones sèches au centre et à l'est du pays, autour des déserts du Dasht-e Kavir et du Dasht-e Lut, ont une densité de population beaucoup plus faible.

Urbanisation

Population urbaine : 77,3 % de la population totale (2023). Taux d'urbanisation annuel : 1,32 % (est. 2020-2025).

Grandes zones urbaines – population

Téhéran (capitale) : 9,500 millions d'habitants, Machhad : 3,368 millions d'habitants, Ispahan : 2,258 millions d'habitants, Chiraz : 1,721 million d'habitants, Tabriz : 1,661 million d'habitants, Karaj : 1,594 million d'habitants (2023).

Espérance de vie à la naissance

Population totale : 75,4 ans (est. 2023). Hommes : 74,1 ans. Femmes : 76,9 ans.

Taux de fécondité total

1,92 enfant/femme (est. 2023).

Taux brut de reproduction

0,94 (est. 2023).

Dépenses de santé courantes

5,3 % du PIB (2020).

Densité de médecins

1,58 médecin/1 000 habitants (2018).

Densité de lits d'hôpital

1,6 lit/1 000 habitants (2017).

Dépenses d'éducation

3,6 % du PIB (est. 2020).

Alphabétisation

Définition : âge de 15 ans et plus sachant lire et écrire. Population totale : 88,7 %. Hommes : 92,4 %. Femmes : 88,7 % (est. 2021).

ENVIRONNEMENT

Enjeux actuels

Pollution de l'air, surtout dans les zones urbaines, due aux émissions des véhicules, aux opérations de raffinerie et aux effluents industriels ; déforestation ; surpâturage ; désertification ; pollution pétrolière dans le golfe Persique ; pertes de zones humides dues à la sécheresse ; dégradation des sols (salinisation) ; approvisionnement insuffisant en eau potable ; pollution de l'eau par les eaux usées brutes et les déchets industriels ; urbanisation.

Accords internationaux

Adhésion à : Biodiversité, Changement climatique, Protocole de Kyoto sur le changement climatique, Désertification, Espèces menacées, Déchets dangereux, Déversements marins-Convention de Londres, Déversements marins-Protocole de Londres, Interdiction des essais nucléaires, Protection de la couche d'ozone, Pollution des navires, Zones humides.

Signé, mais non ratifié : Accord de Paris sur le changement climatique, Interdiction complète des essais nucléaires, Modification de l'environnement, Droit de la mer, Conservation de la vie marine.

Climat

Principalement aride ou semi-aride, subtropical le long de la côte caspienne.

GOUVERNEMENT

Nom du pays

Forme longue conventionnelle : République islamique d'Iran. Forme courte conventionnelle : Iran. Forme longue locale : Jomhuri-ye Eslami-ye Iran. Forme courte locale : Iran. Ancien nom : Perse.

Étymologie : le nom dérive du terme avestique *aryanam* signifiant « Terre des nobles ».

Type de gouvernement

République théocratique.

Capitale

Nom : Téhéran. Étymologie : diverses explications du nom de la ville ont été avancées, mais la plus plausible indique qu'il dérive des mots persans *tah* signifiant « fin ou bas » et *ran* signifiant « pente [de montagne] » pour signifier « bas de la pente de la montagne » ; Téhéran se trouve au bas de la pente des monts Elbourz.

Indépendance

1er avril 1979 (proclamation de la République islamique d'Iran) ; dates antérieures remarquables : env. 550 av. J.-C. (établissement de l'Empire achéménide – Perse) ; 1501 apr. J.-C. (réunification de l'Iran sous la dynastie des Safavides) ; 1794 (début de la dynastie des Qajars) ; 12 décembre 1925 (établissement de l'Iran moderne sous la dynastie des Pahlavi).

Fête nationale

Jour de la République, 1er avril (1979).

Constitution

Historique : précédente en 1906 ; dernière adoptée le 24 octobre 1979, entrée en vigueur le 3 décembre 1979. Derniers amendements : proposés par le Guide suprême – après consultation avec le Conseil de l'exigence – et soumis sous forme de décret au « Conseil de révision de la Constitution », un organe composé de divers leaders et membres exécutifs, législatifs, judiciaires et académiques ; l'approbation nécessite un vote à la majorité absolue lors d'un référendum et l'approbation du Guide suprême ; les articles concernant le système politique de l'Iran, sa base religieuse et sa forme de gouvernement ne peuvent pas être modifiés ; amendée en 1989.

Système légal

Système légal religieux basé sur le droit laïc et islamique.

Participation à des organisations de droit international

N'a pas soumis de déclaration de compétence à la CIJ ; État non-partie au TPI.

Citoyenneté

Nationalité de naissance : non. Nationalité uniquement par filiation : le père doit être citoyen d'Iran. Double citoyenneté reconnue : non. Exigence de résidence pour la naturalisation : 5 ans.

Droit de vote

18 ans. Universel.

Exécutif

Chef d'État : Guide suprême Ali Hoseini-Khamenei (depuis le 4 juin 1989).

Chef du gouvernement : président Ebrahim Raisi (depuis le 18 juin 2021) ; Premier vice-président Mohammad Mokhber (depuis le 8 août 2021).

Cabinet : conseil des ministres sélectionné par le président avec l'approbation législative ; le guide suprême a un certain contrôle sur les nominations pour plusieurs ministères.

Élections/nominations : Guide suprême nommé à vie par l'Assemblée des experts ; président élu directement au droit de vote populaire à la majorité absolue en deux tours si nécessaire pour un mandat de 4 ans (éligible pour un second mandat et un mandat non consécutif supplémentaire) ; dernière élection le 18 juin 2021 (prochaine en juin 2025).

Législatif

Description : Assemblée consultative islamique unicamérale ou Majles-e Shura-ye Eslami ou Majles (290 sièges ; 285 membres élus directement dans des circonscriptions à siège unique et à sièges multiples par vote à 2 tours, et 1 siège chacun pour les zoroastriens, les juifs, les chrétiens assyriens et chaldéens, les Arméniens dans le nord du pays et les Arméniens dans le sud ; les membres siègent 4 ans).

Note. Tous les candidats au Majles doivent être approuvés par le Conseil des gardiens, un groupe de 12 membres dont 6 sont nommés par le guide suprême et 6 sont des juristes nommés par le pouvoir judiciaire et élus par le Majles.

Élections : premier tour le 21 février 2020 et second tour pour les 11 sièges restants le 11 septembre 2020 (prochaine élection complète du Majles en 2024).

Judiciaire

Plus hautes juridictions : la Cour suprême (composée du président de la cour suprême et organisée en 42 branches à deux bancs, chacune avec un juge).

Sélection des juges et mandat : président de la Cour suprême nommé par le chef du Conseil judiciaire supérieur (CJS), un organe de 5 membres comprenant le président de la Cour suprême, le procureur général et 3 clercs, en consultation avec les juges de la Cour suprême ; président nommé pour un mandat unique et renouvelable de 5 ans ; autres juges nommés par le CJS ; mandat des juges non disponible.

Tribunaux subordonnés : tribunaux pénaux I et II ; tribunaux révolutionnaires islamiques ; tribunaux de paix ; Cour spéciale du clergé (fonctionne en dehors du système judiciaire et traite des affaires impliquant des clercs) ; tribunaux militaires.

Partis politiques et dirigeants

Association des religieux combattants [Mostafa Purmohammadi] (un groupe politique actif). Parti des exécutifs de la construction [Hossein Marashi]. Front de la stabilité révolutionnaire islamique [Sadegh Mahsuli, secrétaire général]. Parti de la coalition islamique [Asadollah Badamchian]. Société des clercs militants (Majma-e Ruhaniyoun-e Mobarez) ou MRM [Mohammad Mousavi Khoeiniha]. Parti de la modération et du développement [Hassan Ruhani]. Parti de la confiance nationale (Hezb-e E'temad-eMelli) ou HEM [Elias Hazrati]. Société du progrès et de la justice [Mohammad Saeed Ahadian]. Union du Parti islamique des peuples d'Iran (Hezb-e Ettehad-e Iran-e Eslami) [Azar Mansuri].

Participation à des organisations internationales

BRICS, CICA, CP, D-8, ECO, FAO, G-15, G-24, G-77, AIEA, BIRD, OACI, CPI (comités nationaux), CCRM, IDA, BID, FIDA, SFI, FCRS, BIT, FMI, OMI, IMSO, Interpol, CIO, OIM, UIPU, ISO, ITSO, UIT, MIGA, NAM, OCI, OPCW, OPEP, CPA, SAARC (observateur), OCS (observateur), ONU, MINUAD, CNUCED, UNESCO, HCR, ONUDI, UNITAR, UNOOSA, OMT, UPU, OMC, WFTU (ONG), OMS, OMPI, OMM, OMC (observateur).

ÉCONOMIE

Aperçu

Économie traditionnellement contrôlée par l'État mais entités financières publiques en cours de réforme; secteurs pétrolier/gazier, agricole et des services solides; inflation massive récente due à la dépréciation du taux de change, aux sanctions internationales et à l'incertitude des investisseurs; pauvreté croissante.

PIB réel (parité de pouvoir d'achat)

1,319 billion de dollars (est. 2021).

Note. Les données sont en dollars de 2017.

Taux de croissance du PIB réel

4,72 % (est. 2021).

PIB réel par habitant

15000 dollars (est. 2021).

Note. Les données sont en dollars de 2017.

PIB (taux de change officiel)

581,252 milliards de dollars (est. 2019).

Taux d'inflation (prix à la consommation)

43,39 % (est. 2021).

Note. Estimation officielle iranienne.

Taux de croissance de la production industrielle

3,21 % (est. 2021).

Main-d'œuvre

27,682 millions (est. 2021).

Note. Pénurie de main-d'œuvre qualifiée.

Taux de chômage

11,46 % (est. 2021).

Note. Chiffres du gouvernement iranien.

Taux de chômage des jeunes (15-24 ans)

Total : 27,2 %. Hommes : 24 %. Femmes : 41,7 % (est. 2021).

Population vivant en dessous du seuil de pauvreté

18,7 % (est. 2007).

Coefficient de Gini – distribution du revenu familial

40,9 (est. 2019).

Revenu ou consommation des ménages par part de pourcentage

10 % les plus bas : 2,6 %. 10 % les plus élevés : 29,6 % (2005).

Budget

Revenus : 60,714 milliards de dollars (est. 2019). Dépenses : 90,238 milliards de dollars (est. 2019).

Excédent (+) ou déficit (-) budgétaire

−2,3 % du PIB (est. 2017).

Dette publique

39,5 % du PIB (est. 2017).

Note. Comprend la dette garantie par l'État.

Impôts et autres revenus

17,3 % (du PIB) (est. 2017).

Exportations

101,4 milliards de dollars (est. 2017).

Principaux partenaires d'exportation

Chine : 48 %. Inde : 12 %. Corée du Sud : 8 %. Turquie : 6 %. Émirats arabes unis : 5 % (2019).

Exportations - produits

Polymères d'éthylène, pistaches, fer, cuivre, alcools industriels, aluminium (2021).

Importations

76,39 milliards de dollars (est. 2017).

Principaux partenaires d'importation

Chine : 28 %. Émirats arabes unis : 20 %. Inde : 11 %. Turquie : 7 %. Brésil : 6 %. Allemagne : 5 % (2019).

Importations - produits

Riz, maïs, équipements de diffusion, produits de soja, bœuf (2019).

Dette externe

7,995 milliards de dollars (est. 31 décembre 2017).

COMMUNICATIONS

Aperçu. L'infrastructure de télécommunications de l'Iran a souffert des sanctions ces dernières années, ce qui a empêché l'importation d'équipements et de dispositifs et encouragé la contrebande généralisée. Pour remédier à cela, le gouvernement a introduit un programme d'enregistrement des appareils et renforcé la capacité des téléphones mobiles fabriqués localement ; les entreprises ont investi dans l'élargissement de la portée de leurs réseaux LTE, ce qui a augmenté la capacité du réseau et amélioré la qualité des services Internet mobiles ; le pays se tourne également vers la 5G ; le secteur est encore limité par les bandes de fréquences basses ; le gouvernement travaille à remédier à cela en prévoyant de réaffecter la bande de 3,5 GHz pour une utilisation 5G ; l'Iran est désireux de développer son économie numérique ; l'Iran offre d'importantes opportunités de croissance dans le secteur des télécommunications ; le pays compte l'une des plus grandes populations du Moyen-Orient, et il y a une forte proportion d'utilisateurs jeunes et technophiles ayant une demande considérable pour les services de télécommunications fixes et mobiles ; les entreprises proposent une itinérance nationale pour améliorer les services dans les zones rurales (2022).

MILITAIRE ET SÉCURITÉ

Forces militaires et de sécurité

Les forces militaires de l'Iran sont divisées entre les Forces régulières de la République islamique d'Iran (Artesh) et le Corps des gardiens de la révolution islamique (Sepah). Forces régulières de la République islamique d'Iran ou Armée de la République islamique d'Iran (Artesh) : forces terrestres, marine (incluant les marines), force aérienne, forces de défense aérienne. Corps des gardiens de la révolution islamique (CGRI ou Sepah) : forces terrestres, marine (incluant les marines), force aérospatiale (contrôle la force de missiles stratégiques), force Qods (également connue sous le nom de force Quds ; opérations spéciales), commandement électronique cybernétique, forces paramilitaires Basij.

Note 1. La marine de l'Artesh exploite les plus grands navires de guerre de l'Iran et opère dans le golfe d'Oman, la mer Caspienne et les eaux profondes de la région et au-delà ; la marine du CGRI est responsable des eaux plus proches du golfe Persique et du détroit d'Ormuz.

Note 2. Le Basij est un groupe paramilitaire de volontaires du CGRI avec des organisations locales à travers le pays, qui agit parfois comme une unité auxiliaire de maintien de l'ordre pour le CGRI ; il est formellement connu sous le nom d'Organisation pour la mobilisation des opprimés et est également appelé Armée de mobilisation populaire.

Note 3. Le ministère du Renseignement et de la Sécurité et les forces de maintien de l'ordre relevant du ministère de l'Intérieur, qui relèvent du président, et le CGRI, qui relève du Guide suprême, partagent la responsabilité du maintien de l'ordre.

Note 4. Le Commandement de la sécurité publique (FARAJA) est la police en uniforme de l'Iran et comprend des branches pour la sécurité publique, le contrôle de la circulation, la lutte contre les stupéfiants, les forces spéciales (contrôle des émeutes, lutte contre le terrorisme, libération d'otages, etc.), le renseignement et les enquêtes criminelles ; il est responsable de la sécurité des frontières (Commandement des gardes-frontières).

Dépenses militaires

2,5 % du PIB (est. 2022).

Points forts du personnel militaire et des services de sécurité

Les informations varient ; jusqu'à 600 000 personnels armés actifs ; environ 400 000 forces régulières de la République islamique d'Iran (350 000 forces terrestres ; 18 000 marine ; 40 000 force aérienne/forces de défense aérienne) ; environ 150-190 000 Corps des gardiens de la révolution islamique (100-150 000 forces terrestres ; 20 000 marine ; 15 000 force aérospatiale ; 5-15 000 force Qods) ; environ 90 000 forces paramilitaires Basij actives (2023).

Inventaires et acquisitions d'équipements militaires

L'inventaire militaire iranien comprend un mélange d'équipements produits localement et principalement d'anciens équipements étrangers largement d'origine chinoise, russe, soviétique et américaine (équipement américain acquis avant la révolution islamique en 1979) ; il dispose également de certains équipements militaires de Corée du Nord, notamment des sous-marins nains et des missiles balistiques ; ces dernières années, l'Iran a reçu quelques équipements plus récents de Russie ; l'Iran dispose d'une industrie de défense capable de développer, produire, soutenir et maintenir des programmes d'armements aériens, terrestres, missiles et navals (2023).

Âge et obligation du service militaire

Le service militaire est obligatoire pour tous les hommes iraniens de 18/19 ans jusqu'à environ 40 ans ; 16 ans pour le service militaire volontaire (peut descendre à 15 ans pour le Basij) ; l'obligation de service militaire pour les conscrits est de 18 à 24 mois, selon le lieu de service (les soldats servant dans des endroits présentant un risque de sécurité élevé et des zones privées de services ont des périodes plus courtes) ; les femmes sont exemptées du service militaire (2023).

Note. Les conscrits servent dans l'Artesh, le CGRI et les forces de l'ordre ; environ 80 % du personnel des forces terrestres de l'Artesh sont des conscrits, tandis que le personnel de la marine et de la force aérienne/forces de défense aérienne est principalement composé de volontaires ; les conscrits représentent apparemment une partie importante du CGRI.

Déploiements militaires

Continue de maintenir une présence militaire en Syrie, rapportée à quelques milliers de personnes, principalement des forces d'opérations spéciales et du CGRI (2023).

Note. L'Iran a recruté, formé et financé des milliers de combattants syriens et étrangers pour soutenir le régime d'Assad lors de la guerre civile syrienne.

Remarque

Le Corps des gardiens de la révolution islamique (CGRI) a été formé en mai 1979 au lendemain de la chute du Shah Mohammad Reza Pahlavi, alors que les gauchistes, les nationalistes et les islamistes se disputaient le pouvoir ; tandis que le Premier ministre intérimaire contrôlait le gouvernement et les institutions de l'État, telles que l'armée, les partisans de l'ayatollah Ruhollah Khomeini organisaient des contrepoids, notamment le CGRI, pour protéger la révolution islamique ; la structure de commandement du CGRI a contourné le président élu et est allée directement à Khomeini ; le CGRI a joué un rôle crucial en aidant Khomeini à consolider le pouvoir à la suite de la révolution de 1979, et il a veillé à ce que la vision révolutionnaire islamique de Khomeini l'emporte contre les défis intérieurs des factions nationalistes et gauchistes dans la lutte pour le contrôle après le départ du Shah ; la guerre Iran-Irak

(1980-1988) a transformé le CGRI en une force de combat plus conventionnelle avec ses propres forces terrestres, aériennes, navales et spéciales, ainsi que le contrôle des forces de missiles et de roquettes stratégiques de l'Iran; aujourd'hui, le CGRI est une force militaire hautement institutionnalisée et parallèle aux forces armées régulières de l'Iran (Artesh); il est fortement impliqué dans la sécurité intérieure et exerce une influence significative dans les sphères politiques et économiques de la société iranienne, ainsi que dans la politique étrangère de l'Iran; sur le plan économique, il possède des usines et des sociétés et des filiales dans les secteurs bancaire, de l'infrastructure, du logement, des compagnies aériennes, du tourisme et d'autres secteurs; ses forces spéciales, connues sous le nom de force Qods/Quds, se spécialisent dans les missions étrangères et ont fourni des conseils, des fonds, des orientations, un soutien matériel, une formation et des armes à des militants dans des pays comme l'Afghanistan, l'Irak, la Syrie et le Yémen, ainsi qu'à des groupes extrémistes, notamment le Hamas, le Hezbollah, Kata'ib Hezbollah et le Jihad islamique palestinien; la force Qods mène également des opérations de renseignement et de reconnaissance.

Le Conseil suprême de sécurité nationale (CSSN) est l'organe le plus élevé pour formuler la politique étrangère et de sécurité de l'Iran; il est formellement présidé par le président, qui nomme également le secrétaire du CSSN; ses membres comprennent le président du Majles, le chef du judiciaire, le chef d'état-major général des forces armées (chef de la défense ou CHOD), les commandants de l'Artesh (forces régulières) et du CGRI, ainsi que les ministres de la Défense, des Affaires étrangères, de l'Intérieur et du Renseignement; le CSSN relève du Guide suprême; le Guide suprême est le commandant en chef des forces armées.

Les forces armées iraniennes sont divisées entre les forces régulières (Artesh) et le CGRI; l'Artesh se concentre principalement sur la défense des frontières et des eaux territoriales de l'Iran contre les menaces extérieures, tandis que le CGRI a pour mission plus large de défendre la révolution islamique iranienne contre toute menace étrangère ou intérieure; en 1989, l'Iran a créé l'état-major général des forces armées pour coordonner les actions militaires à la fois de l'Artesh et du CGRI; l'Iran dispose également d'un quartier général militaire conjoint, le quartier général central de Khatam ol-Anbia, pour commander l'Artesh et le CGRI en temps de guerre.

La force terrestre de l'Artesh se compose d'environ 50 brigades de combat, principalement d'infanterie, avec un important contingent de forces aéroportées, blindées, de commandos, mécanisées et des forces spéciales ; la plupart des unités sont concentrées le long de la frontière Iran-Irak, reflétant la mission principale de la force de défendre contre l'invasion étrangère ; la force terrestre du CGRI est organisée en corps pour chacune des 31 provinces et la ville de Téhéran ; les corps ont un large éventail d'unités blindées, d'infanterie, mécanisées et de commandos et sont postés pour contrer les troubles internes ou une invasion terrestre ; les forces spéciales du CGRI sont connues sous le nom de force Qods ; le CGRI contrôle les forces paramilitaires Basij, qui sont également organisées en corps provinciaux avec des bataillons mobiles/de réaction rapide, de sécurité, d'infanterie et de commandos.

La marine de l'Artesh est considérée comme la marine « hauturière » de l'Iran et a pour mission principale de défendre les eaux territoriales iraniennes et de protéger les intérêts économiques du pays dans la mer Caspienne, le golfe d'Oman et au-delà ; elle compte environ 10 frégates et corvettes, ainsi qu'une petite force de sous-marins d'attaque et de poche.

Note. L'Iran est le seul pays du golfe Persique avec une force sous-marine ; la marine du CGRI est chargée de protéger principalement les eaux côtières iraniennes dans le golfe Persique et le détroit d'Ormuz et emploie une force composée principalement de petites embarcations rapides d'attaque armées d'une variété de systèmes d'armes.

Les capacités aériennes et de défense aérienne de l'Iran sont principalement réparties entre trois services : l'Armée de l'air de la République islamique d'Iran (IRIAF) et la Force de défense aérienne de la République islamique d'Iran (IRIADF), toutes deux sous l'Artesh, et la Force aérospatiale du CGRI (IRGCASF) ; l'IRIAF exploite la majorité des avions de combat de l'Iran et compte plus de 200 avions, une partie considérable étant des modèles américains anciens acquis avant la révolution de 1979 ; le reste comprend des avions anciens chinois, français et russes; l'IRIADF contrôle les capacités de missiles surface-air du pays; l'IRGCASF exploite certains avions d'attaque au sol et la plupart des drones de l'Iran; il contrôle également la force de croisière et de missiles balistiques de l'Iran (2023).

ESPACE

Aperçu. Possède un programme spatial civil et militaire ambitieux axé sur l'acquisition et l'exploitation de satellites et le développement de lanceurs spatiaux indigènes; conçoit, construit et exploite des satellites, notamment de communication, de télédétection (RS) et scientifiques; fabrique et exploite des lanceurs spatiaux; recherche et développement d'autres capacités et technologies spatiales dans des domaines tels que les télécommunications, la RS, la navigation et la connaissance de la situation spatiale; les sanctions du Conseil de sécurité des Nations unies et d'autres sanctions internationales contre le programme d'armes de destruction massive de l'Iran ont gravement limité la coopération de l'Iran avec les agences spatiales étrangères et les industries spatiales commerciales; ces dernières années, cependant, il a coopéré avec la Corée du Nord et la Russie sur des questions spatiales; l'Iran a également entretenu des relations avec des organisations spatiales régionales et internationales, telles que l'Organisation de coopération spatiale Asie-Pacifique et l'Organisation internationale de satellites de télécommunications; il a été membre fondateur du Comité des utilisations pacifiques de l'espace extra-atmosphérique des Nations unies (COPUOS) établi en 1958 (2023).

TERRORISME

Groupes terroristes

Corps des gardiens de la révolution islamique (CGRI) /Force Qods; État islamique d'Irak et du Levant (EIIL); Jaysh al Adl (Joundallah); Parti des travailleurs du Kurdistan (PKK); al-Qaïda.

Litiges internationaux

Iran-Afghanistan. – L'Iran proteste contre la limitation par l'Afghanistan du débit des affluents du fleuve Helmand en période de sécheresse ; des commissaires afghans et iraniens ont discuté de la densification des monuments frontaliers et de la nouvelle délimitation des frontières.

Iran-Azerbaïdjan-Kazakhstan-Russie. – L'Azerbaïdjan, le Kazakhstan et la Russie ont ratifié un traité de délimitation du plateau continental de la mer Caspienne en 2018 sur la base de l'équidistance, tandis que l'Iran continue d'insister pour obtenir un cinquième de la mer.

Iran-Irak. – L'absence de délimitation maritime entre l'Irak et l'Iran suscite des litiges de compétence au-delà de l'embouchure du Chatt al-Arab dans le golfe Persique.

Iran-Koweït. – Différend sur la frontière maritime non délimitée et le champ gazier offshore d'Al Durra dans le golfe Arabo-Persique ; les pourparlers se sont poursuivis en 2023 ; en 2022, le Koweït et l'Arabie saoudite ont signé un accord conjoint pour développer le champ malgré les objections de l'Iran, qui a qualifié l'accord d'illégal.

Iran-Émirats arabes unis. – L'Iran et les Émirats arabes unis se disputent les îles de Grande Tunb, de Petite Tunb et d'Abou Moussa, occupées par l'Iran ; l'Iran a mené des exercices militaires sur et autour des îles disputées.

Mer Caspienne (délimitation maritime). – L'Azerbaïdjan, le Kazakhstan et la Russie ont ratifié les traités de délimitation du plateau continental de la mer Caspienne sur la base de l'équidistance, tandis que l'Iran continue d'insister pour obtenir un cinquième de la mer.

Réfugiés et déplacés internes

Réfugiés (pays d'origine) : 500 000 Afghans non enregistrés, 750 000 détenteurs de carte de réfugié afghan, 12 000 détenteurs de carte de réfugié irakien (2022). Apatrides : 34 (mi-2021).

Traite des personnes

L'Iran ne répond pas pleinement aux normes minimales pour l'élimination de la traite et ne fait pas d'efforts significatifs pour le faire, donc l'Iran est resté au niveau 3 ; le gouvernement a pris certaines mesures qui peuvent empêcher la traite de certaines populations vulnérables, notamment en offrant l'accès aux écoles, aux services de base et au soulagement temporaire de l'immigration pour certains enfants afghans et adultes réfugiés ou migrants qui se sont inscrits à l'initiative de recensement du gouvernement ; cependant, le gouvernement a continué une politique ou un schéma d'emploi ou de recrutement d'enfants soldats et de facilitation de la traite des êtres humains ; les responsables ont continué à perpétrer et à tolérer des crimes de traite en toute impunité, tant en Iran qu'à l'étranger ; le gouvernement n'a pas fait état d'efforts des forces de l'ordre pour lutter contre la traite, et il a porté des accusations fallacieuses contre les militants LGBTQI + ; les responsables n'ont pas fait état d'enquêtes, de poursuites ou de condamnations des responsables complices du recrutement et de l'utilisation d'enfants soldats contraints de se battre pour des milices dirigées par l'Iran en Syrie ; le gouvernement a contraint ou forcé des enfants à rejoindre les forces de sécurité et les forces anti-émeutes iraniennes pour réprimer les manifestations politiques en cours, et a contraint d'anciens membres des forces spéciales afghanes à combattre pour des milices soutenues par l'Iran au Yémen ; les autorités n'ont pas réussi à identifier et à protéger les victimes de la traite parmi les populations vulnérables et ont continué à expulser ou à détenir des adultes et des enfants afghans sans dépistage des indicateurs de traite (2023).

Profil du trafic. Les trafiquants exploitent des victimes nationales et étrangères en Iran, et les Iraniens sont exploités à l'étranger ; le déclin continu de l'économie iranienne a considérablement exacerbé la traite des êtres humains, en particulier pour des groupes vulnérables et marginalisés tels que les minorités ethniques, les réfugiés et les migrants, les personnes LGBTQI +, les femmes et les enfants ; les femmes et les filles iraniennes et certaines étrangères, ainsi que certains hommes et personnes LGBTQI +, sont très vulnérables à la traite des êtres humains en Iran ; bien que la prostitution commerciale soit illégale, le gouvernement tolère et parfois facilite directement l'exploitation sexuelle commerciale et la traite des êtres humains, qui sont endémiques dans tout le pays ; les femmes iraniennes, irakiennes, saoudiennes, bahreïniennes et libanaises sont très vulnérables à la traite des êtres humains dans les grands centres urbains ; les femmes, les garçons et les filles iraniens sont vulnérables à la traite des êtres humains en Afghanistan, en Arménie, en Géorgie, en Irak, au Pakistan, en Turquie et aux Émirats arabes unis ; les enfants réfugiés et migrants iraniens et afghans, les orphelins et les enfants sans-abri sont très vulnérables au travail forcé en Iran ; les groupes criminels jouent un rôle important dans la traite des êtres humains en Iran, notamment en enlevant ou en achetant des enfants iraniens et migrants – en particulier afghans – pour le travail forcé et l'exploitation sexuelle ; les travailleurs étrangers, y compris les migrants pakistanais et afghans, sont très vulnérables aux abus et au travail forcé en Iran ; les autorités iraniennes continuent de contraindre et de forcer des Afghans, y compris des enfants, ainsi que des migrants pakistanais, des ressortissants syriens et des enfants iraniens, à rejoindre des groupes armés pour combattre en Irak, en Syrie et au Yémen ou à servir en Iran dans des forces paramilitaires (2023).

Drogues illicites

Pays de transit et de destination significatif pour les opiacés et les produits à base de cannabis principalement en provenance d'Afghanistan et du Pakistan ; produit et consomme de la méthamphétamine et en fait le trafic sur les marchés internationaux ; l'une des principales routes de transit pour l'héroïne d'Asie du Sud-Ouest vers l'Europe ; l'opium et le cannabis sont les drogues les plus largement utilisées dans le pays, avec une augmentation de la méthamphétamine cristalline.

YÉMEN

CONTEXTE HISTORIQUE

Le Royaume du Yémen (connu familièrement sous le nom de Yémen du Nord) est devenu indépendant de l'Empire ottoman en 1918 et est devenu la République arabe du Yémen en 1962. Les Britanniques, qui avaient établi une zone de protectorat autour du port méridional d'Aden au XIXe siècle, se sont retirés en 1967, formant ce qui est devenu la République populaire du Yémen du Sud (connue familièrement sous le nom de Yémen du Sud). Trois ans plus tard, le gouvernement du Sud a adopté une orientation marxiste et changé le nom du pays en République démocratique populaire du Yémen. L'exode massif de centaines de milliers de Yéménites du sud vers le nord a contribué à deux décennies d'hostilité entre les États. Les deux pays ont été formellement unifiés sous le nom de République du Yémen en 1990. Un mouvement sécessionniste du sud et une brève guerre civile en 1994 ont été rapidement réprimés. En 2000, l'Arabie saoudite et le Yémen sont convenus de délimiter leur frontière. Les combats dans le nord-ouest entre le gouvernement et les Houthis, une minorité musulmane chiite zaïdite, ont continué de manière intermittente de 2004 à 2010, puis à nouveau de 2014 à aujourd'hui. Le mouvement sécessionniste du sud a été revitalisé en 2007.

Des manifestations publiques à Sanaa contre le président Ali Abdallah Salih – inspirées par des manifestations similaires du Printemps arabe en Tunisie et en Égypte – ont lentement pris de l'ampleur à partir de fin janvier 2011, alimentées par des plaintes concernant le chômage élevé, les mauvaises conditions économiques et la corruption. Le mois suivant, certaines manifestations ont donné lieu à des violences, et les manifestations se sont étendues à d'autres grandes villes. En mars, l'opposition avait durci ses exigences et s'était unie derrière des appels à la destitution immédiate de Salih. En avril 2011, le Conseil de coopération du Golfe (CCG), dans une tentative de médiation de la crise au Yémen, a proposé l'Initiative du CCG, un accord selon lequel le président démissionnerait en échange de l'immunité de poursuites. Le refus de Salih de signer un accord a conduit à de nouvelles violences. Le Conseil de sécurité des Nations unies a adopté la résolution 2014 en octobre 2011, appelant à la fin de la violence et à la conclusion d'un accord de transfert de pouvoir. En novembre 2011, Salih a signé l'Initiative du CCG pour démissionner et transférer une partie de ses pouvoirs au vice-président Abd Rabuh Mansur Hadi. À la suite de la victoire électorale sans contestation de Hadi en février 2012, Salih a formellement transféré tous les pouvoirs présidentiels. Conformément à l'Initiative du CCG, le Yémen a lancé une Conférence nationale du dialogue (CND) en mars 2013 pour discuter des principales questions constitutionnelles, politiques et sociales. Hadi a conclu la CND en janvier 2014 et prévoyait de commencer à mettre en œuvre les étapes suivantes du processus de transition, y compris la rédaction de la constitution, un référendum constitutionnel et des élections nationales.

Les Houthis, estimant que leurs griefs n'ont pas été pris en compte lors de la CND, se sont associés à Salih et ont élargi leur influence dans le nord-ouest du Yémen, ce qui a culminé avec une grande offensive contre les unités militaires et les tribus rivales et a permis à leurs forces de prendre la capitale, Sanaa, en septembre 2014. En janvier 2015, les Houthis ont encerclé le palais présidentiel, la résidence de Hadi, et des installations gouvernementales clés, incitant Hadi et le cabinet à présenter leur démission. Hadi a fui à Aden en février 2015 et a annulé sa démission. Il a ensuite fui à Oman puis s'est rendu en Arabie saoudite et a demandé au CCG d'intervenir militairement au Yémen pour protéger le gouvernement légitime des Houthis. En mars 2015, l'Arabie saoudite a formé une coalition de forces armées arabes et a commencé des frappes aériennes contre les Houthis et les forces affiliées aux Houthis. Les combats terrestres entre les forces alignées sur les

Houthis et les groupes anti-Houthis soutenus par la coalition dirigée par l'Arabie saoudite ont continué jusqu'en 2016. En 2016, l'ONU a négocié un cessez-le-feu de plusieurs mois qui a réduit les frappes aériennes et les combats, et a lancé des pourparlers de paix au Koweït. Cependant, les pourparlers ont échoué à aboutir à un accord. Les Houthis et le parti politique de Salih ont annoncé un Conseil politique suprême en août 2016 et un gouvernement de salut national, comprenant un Premier ministre et plusieurs dizaines de membres du cabinet, en novembre 2016, pour gouverner à Sanaa et remettre en cause davantage la légitimité du gouvernement de Hadi.

Cependant, alors que les tensions montaient entre les Houthis et Salih, des affrontements sporadiques ont éclaté à la mi-2017 et ont dégénéré en combats ouverts qui se sont terminés lorsque les forces houthies ont tué Salih début décembre 2017. En 2018, les forces anti-Houthis ont réalisé les progrès les plus importants sur le champ de bataille au Yémen depuis le début de 2016, notamment dans le gouvernorat d'Al Hudaydah. En décembre 2018, les Houthis et le gouvernement yéménite ont participé aux premières négociations de paix sous l'égide de l'ONU depuis 2016, convenant d'un cessez-le-feu limité dans le gouvernorat d'Al Hudaydah et de la création d'une mission de l'ONU pour surveiller l'accord. En avril 2019, le parlement yéménite s'est réuni à Say'un pour la première fois depuis le début du conflit en 2014. En août 2019, des affrontements ont éclaté entre le gouvernement de Hadi et le Conseil de transition du sud pro-sécessionniste (STC) dans le sud du Yémen. En novembre 2019, le gouvernement de Hadi et le STC ont signé un accord de partage du pouvoir pour mettre fin aux combats entre eux, et en décembre 2020 les signataires ont formé un nouveau cabinet. En 2020 et 2021, les combats ont continué sur le terrain au Yémen alors que les Houthis gagnaient du terrain et menaient également des attaques régulières à l'aide de drones et de missiles contre des cibles en Arabie saoudite. En avril 2022, l'ONU a négocié un cessez-le-feu temporaire entre les Houthis et la coalition dirigée par l'Arabie saoudite qui a entraîné une pause prolongée dans les combats à grande échelle et la cessation des attaques transfrontalières. Également en avril 2022, Hadi et son vice-président ont démissionné et ont été remplacés par un Conseil de leadership présidentiel de huit personnes avec les pouvoirs exécutifs du président et du vice-président.

GÉOGRAPHIE

Emplacement

Moyen-Orient, bordant la mer d'Arabie, le golfe d'Aden et la mer Rouge, entre Oman et l'Arabie saoudite.

Superficie

527 968 km^2. Terre : 527 968 km^2. Eau : 0 km^2.

Note. Comprend Perim, Socotra, l'ancienne République arabe du Yémen (RAY ou Yémen du Nord) et l'ancienne République démocratique populaire du Yémen (RDY ou Yémen du Sud).

Frontières terrestres

1 601 km. 2 pays frontaliers : Oman, 294 km. Arabie saoudite, 1 307 km.

Littoral

1 906 kilomètres.

Revendications maritimes

Mer territoriale : 12 milles nautiques, zone contiguë : 24 milles nautiques, zone économique exclusive : 200 milles nautiques, plateau continental : 200 milles nautiques ou jusqu'au bord de la marge continentale.

Climat

Principalement désertique ; chaud et humide le long de la côte ouest ; tempéré dans les montagnes de l'ouest affectées par la mousson saisonnière ; désert extrêmement chaud, sec et rude à l'est.

Terrain

Étroite plaine côtière bordée de collines à sommet plat et de montagnes escarpées ; plaines désertiques intérieures en pente dans le désert intérieur de la péninsule arabique.

Altitude

Point culminant: Jabal an Nabi Shu'ayb, 3 666 m. Point le plus bas: mer d'Arabie, 0 m. Altitude moyenne: 999 m.

Ressources naturelles

Pétrole, poisson, sel gemme, marbre; petits gisements de charbon, d'or, de plomb, de nickel et de cuivre; sol fertile à l'ouest.

Risques naturels

Tempêtes de sable et tempêtes de poussière en été. Volcanisme: activité volcanique limitée.

Note géographique

Position stratégique sur le Bab el Mandeb, le détroit reliant la mer Rouge et le golfe d'Aden, l'une des voies maritimes les plus actives au monde.

POPULATION ET SOCIÉTÉ

Population

31 565 602 (est. 2023).

Groupes ethniques

Principalement arabes; mais aussi afro-arabes, sud-asiatiques, européens.

Langues

Arabe (officielle).

Note. Une langue distincte, le *socotri*, est largement utilisée sur l'île et l'archipel de Socotra; le *mahri* est encore assez largement parlé dans l'est du Yémen.

Religions

Musulmans: 99,1 % (officielle); pratiquement tous sont des citoyens, environ 65 % sont sunnites et 35 % sont chiites) Autres: 0,9 % (inclut juifs, bahá'ís, hindous et chrétiens; beaucoup sont des réfugiés ou des résidents étrangers temporaires) (est. 2020).

Taux de croissance démographique

1,83 % (est. 2023).

Taux de natalité

24,1 naissances/1 000 habitants (est. 2023).

Taux de mortalité

5,5 décès/1 000 habitants (est. 2023).

Taux de migration nette

–0,2 migrant/1 000 habitants (est. 2023).

Répartition de la population

La grande majorité de la population se trouve dans les montagnes d'Asir (partie du vaste système montagneux de Sarawat), situées dans la région la plus à l'ouest du pays.

Urbanisation

Population urbaine : 39,8 % de la population totale (2023). Taux d'urbanisation annuel de 3,71 % (est. 2015-2020).

Grandes zones urbaines – population

Sanaa (capitale) : 3,292 millions d'habitants, Aden : 1,080 million d'habitants, Taiz : 941 000 habitants, Ibb : 772 000 habitants (2023).

Espérance de vie à la naissance

Population totale : 67,8 ans (est. 2023). Hommes : 65,5 ans. Femmes : 70,3 ans.

Taux de fécondité total

2,91 enfants nés/femme (est. 2023).

Taux brut de reproduction

1,42 (est. 2023).

Dépenses de santé courantes

4,3 % du PIB (2015).

Dépenses d'éducation

N.D.

Alphabétisation

Définition : âge de 15 ans et plus sachant lire et écrire. Population totale : 70,1 %. Hommes : 85,1 %. Femmes : 55 % (2015).

ENVIRONNEMENT

Enjeux actuels

Ressources en eau douce limitées ; approvisionnement en eau potable insuffisant ; surpâturage ; érosion des sols ; désertification.

Accords internationaux

Adhésion à : Biodiversité, Changement climatique, Protocole de Kyoto, Désertification, Espèces menacées, Modification de l'environnement, Déchets dangereux, Droit de la mer, Déversement de déchets en mer-Protocole de Londres, Interdiction des essais nucléaires, Protection de la couche d'ozone, Zones humides.

Signés, mais non ratifiés : Accord de Paris sur le changement climatique, Interdiction complète des essais nucléaires.

Climat

Principalement désertique ; chaud et humide le long de la côte ouest ; tempéré dans les montagnes de l'ouest affectées par la mousson saisonnière ; désert extrêmement chaud, sec et rude à l'est.

Insécurité alimentaire

Manque généralisé d'accès : en raison du conflit, de la pauvreté, des inondations, des prix élevés des denrées alimentaires et du carburant – en 2023, une analyse partielle dans les zones contrôlées par le gouvernement, où environ 25 % de la population en insécurité alimentaire aiguë réside, montre que la situation reste grave ; malgré quelques améliorations en matière de sécurité, la crise économique et les conflits localisés persistent, alimentés par une instabilité politique persistante, tandis que les revenus extérieurs insuffisants et les prix mondiaux élevés des denrées alimentaires importées limitent la sécurité alimentaire (2023).

GOUVERNEMENT

Nom du pays

Forme longue conventionnelle : République du Yémen. Forme courte conventionnelle : Yémen. Forme longue locale : Al Jumhuriyah al Yamaniyah. Forme courte locale : Al Yaman. Anciennement : République arabe du Yémen [Yémen (Sanaa) ou Yémen du Nord] et République démocratique populaire du Yémen [Yémen (Aden) ou Yémen du Sud].

Étymologie : la dérivation du nom reste obscure mais pourrait venir du terme arabe *yumn* (bonheur) et être liée au nom classique de la région, « Arabie Heureuse » ; les Romains désignaient le reste de la péninsule sous le nom d'« Arabie déserte ».

Type de gouvernement

En transition.

Capitale

Nom : Sanaa. Étymologie : le nom est réputé signifier « bien fortifier » en sabéen, la langue sud-arabique qui s'est éteinte au Yémen au VIe siècle après J.-C.

Indépendance

22 mai 1990 (la République du Yémen a été établie avec la fusion de la République arabe du Yémen [Yémen (Sanaa) ou Yémen du Nord] et de la République démocratique populaire du Yémen, dominée par les marxistes [Yémen (Aden) ou Yémen du Sud]) ; dates antérieures notables : le Yémen du Nord est devenu indépendant le 1er novembre 1918 (de l'Empire ottoman) et est devenu une république avec le renversement de l'imamat théocratique le 27 septembre 1962 ; le Yémen du Sud est devenu indépendant le 30 novembre 1967 (du Royaume-Uni).

Fête nationale

Jour de l'Unification, 22 mai (1990).

Constitution

Historique : adoptée par référendum le 16 mai 1991 (suite à l'unification).

Note. Après la fin du Dialogue national en janvier 2015, un Comité d'élaboration de la constitution nommé par le président a travaillé à la préparation d'un nouveau projet de constitution qui devait être soumis à un référendum national avant d'être adopté ; cependant, le début du conflit actuel au début de l'année 2015 a interrompu le processus.

Derniers amendements : modifiée plusieurs fois, la dernière en 2009.

Système légal

Système légal mixte de droit islamique (charia), droit napoléonien, *common law* anglaise et droit coutumier.

Participation aux organisations internationales de droit

N'a pas soumis de déclaration de compétence à la CIJ ; État non-membre de la CPI.

Citoyenneté

Nationalité de naissance : non. Nationalité par filiation uniquement : le père doit être citoyen du Yémen ; si le père est inconnu, la mère doit être citoyenne. Double citoyenneté reconnue : non. Exigence de résidence pour la naturalisation : 10 ans.

Droit de vote

18 ans. Universel.

Exécutif

Chef de l'État : Président du Conseil présidentiel Rashad Muhammad al-Alimi, Dr. (depuis le 19 avril 2022).

Vice-présidents et membres du Conseil présidentiel : Sultan al-Arada, Faraj Salmin al-Bahsani, Brig. Gen. Abdullah Al-Alimi Ba Wazir, Uthman Hussain Faid al-Mujali, Tariq Muhammad Abdallah Salih, Brig. Gen., 'Abd-al-Rahman Abu Zara'a al-Muharrami al-Yafai, Brig. Gen., Aydarus Qasim al-Zubaydi, Maj. Gen. (Tous depuis le 19 avril 2022.)

Note. Abdrabbuh Mansur Hadi a servi comme président par intérim à partir du début de l'année 2012 mais a été contraint de démissionner fin janvier 2015 par les Houthis – un groupe rebelle aligné sur l'Iran – au milieu de manifestations de masse ; par la suite, les Houthis et les partisans du premier président du Yémen, Ali Abdullah Saleh, ont pris le palais présidentiel et ont placé Hadi en résidence surveillée.

Chef du gouvernement : Président du Conseil présidentiel Rashad Muhammad al-Alimi, Dr. (depuis le 19 avril 2022) ; vice-présidents et membres du Conseil présidentiel Sultan al-Arada, Faraj Salmin al-Bahsani, Brig. Gen. Abdullah Al-Alimi

Ba Wazir, Uthman Hussain Faid al-Mujali, Tariq Muhammad Abdallah Salih, Brig. Gen., ‘Abd-al-Rahman Abu Zara’a al-Muharrami al-Yafai, Brig. Gen., Aydarus Qasim al-Zubaydi, Maj. Gen. (tous depuis le 19 avril 2022) ; le 5 février 2024, le ministre des Affaires étrangères Ahmad Awad Bin Mubarek a été nommé Premier ministre par le Conseil présidentiel.

Cabinet : 25 membres du nord et du sud du Yémen, représentant tous les principaux partis politiques du Yémen.

Élections/nominations : auparavant, le président était élu directement au droit de vote universel majoritaire absolu en deux tours si nécessaire pour un mandat de 7 ans (éligible pour un second mandat) ; la dernière élection a eu lieu le 21 février 2012 (prochaine élection N.D.).

Note. Une élection spéciale a eu lieu le 21 février 2012 pour destituer Ali Abdallah Salih aux termes d’un accord médiatisé par le Conseil de coopération du Golfe pendant la crise politique de 2011 ; le vice-président est nommé par le président ; le Premier ministre est nommé par le président.

Législatif

Description : le Parlement ou Majlis bicaméral se compose de : Conseil de la Choura ou Majlis Alshoora (111 sièges ; membres nommés par le président ; mandat des membres NA). Assemblée des représentants ou Majlis al Nuwaab (301 sièges ; membres élus directement dans des circonscriptions uninominales au scrutin majoritaire à un tour pour des mandats de 6 ans).

Élections : Conseil de la Choura – dernières nominations NA (prochaines nominations NA).

Assemblée des représentants : dernières élections en avril 2019.

Judiciaire

Plus hautes juridictions : Cour suprême (composée du président de la cour, de 2 adjoints et d’environ 50 juges ; cour organisée en divisions constitutionnelle, civile, commerciale, familiale, administrative, pénale, militaire, et d’appel).

Sélection des juges et mandat : les juges sont nommés par le Conseil judiciaire suprême, présidé par le président de la République et comprenant 10 hauts fonctionnaires judiciaires ; les juges siègent à vie avec une retraite obligatoire à 65 ans.

Tribunaux subordonnés : cours d'appel ; tribunaux de district ou de première instance ; tribunaux commerciaux.

Partis politiques et dirigeants

Congrès populaire général ou GPC (3 factions : pro-Hadi [Abdrabbi Mansur Hadi], pro-Houthi [Sadeq Ameen Abu Ras], pro-Saleh [Ahmed Saleh]). Organisation du peuple unioniste nassérien [Abdulmalik al-Mekhlafi]. Parti national socialiste arabe Ba'ath [Qassem Salam Said]. Conseil de transition du Sud ou STC [Aidarus al-Zoubaida]. Groupe réformiste yéménite ou Islah [Muhammed Abdallah al-Yadumi]. Parti socialiste yéménite ou YSP [Dr. Abd al-Rahman Umar al-Saqqaf].

ÉCONOMIE

Aperçu

Économie moyen-orientale à faible revenu ; infrastructures, commerce et institutions économiques dévastées par la guerre civile ; dépendance au pétrole/gaz mais réserves en baisse ; pauvreté massive, insécurité alimentaire et chômage élevé ; forte inflation.

PIB réel (parité de pouvoir d'achat)

73,63 milliards de dollars (est. 2017).

Note. Les données sont en dollars de 2017.

Taux de croissance du PIB réel

−5,9 % (est. 2017).

PIB réel par habitant

2 500 dollars (est. 2017).

Note. Les données sont en dollars de 2017.

PIB (taux de change officiel)

54,356 milliards de dollars (est. 2018).

Taux d'inflation (prix à la consommation)

24,7 % (est. 2017).

Taux de croissance de la production industrielle

−5,23 % (est. 2018).

Population active

7,299 millions (est. 2021).

Taux de chômage

13,57 % (est. 2021).

Taux de chômage des jeunes (15-24 ans)

Total: 25,5 %. Hommes: 24,3 %. Femmes: 36,3 % (est. 2021).

Population vivant sous le seuil de pauvreté

48,6 % (est. 2014).

Indice de Gini – distribution des revenus familiaux

36,7 (est. 2014).

Revenu ou consommation des ménages par part de pourcentage

10 % les plus bas: 2,6 %. 10 % les plus élevés: 30,3 % (est. 2008).

Budget

Revenus: 2,207 milliards de dollars (est. 2019). Dépenses: 3,585 milliards de dollars (est. 2019).

Excédent (+) ou déficit (–) budgétaire

−5,2 % du PIB (est. 2017).

Dette publique

74,5 % du PIB (est. 2017).

Exportations

384,5 millions de dollars (est. 2017).

Partenaires d'exportation

Chine: 53 %. Arabie saoudite: 10 %. Émirats arabes unis: 7 %. Australie: 5 % (est. 2019).

Produits d'exportation

Pétrole brut, or, poisson, liquides chimiques industriels, ferraille de fer (est. 2019).

Importations

4,079 milliards de dollars (est. 2017).

Partenaires d'importation

Chine 25 %, Turquie 10 %, Émirats arabes unis 9 %, Arabie saoudite 8 %, Inde 7 % (2019).

Produits d'importation

Blé, pétrole raffiné, fer, riz, voitures (2019).

Dette externe

6,805 milliards de dollars (est. 2018).

COMMUNICATIONS

Aperçu. Le Yémen reste un marché extrêmement difficile pour les opérateurs télécoms ; les troubles civils ont causé des ravages et des destructions dans la plupart des régions du pays, tandis que la menace de sanctions a également rendu l'environnement difficile pour opérer ; une grande partie de la population a besoin d'une aide humanitaire, et il y a peu de revenu disponible pour les services sur lesquels les opérateurs télécoms peuvent générer des revenus ; l'infrastructure télécom essentielle, telle que les tours mobiles et les câbles en fibre, a souvent été ciblée, détruite ou endommagée par les parties opposées dans le conflit en cours ; ces difficultés ont découragé les opérateurs télécoms d'investir dans l'infrastructure, ce qui fait que le pays manque d'infrastructure téléphonique fixe de base, et les services mobiles sont basés sur le GSM obsolète ; cela a empêché le développement d'un secteur de la large bande mobile ou l'évolution des services de données mobiles ; la propriété des services de télécommunication, ainsi que le contrôle des revenus et des taxes associés, sont devenus un enjeu politique au Yémen ; tant que l'infrastructure télécom ne pourra pas être améliorée dans tout le pays et que les troubles civils ne se calmeront pas, il y aura peu de progrès pour le secteur (2022).

MILITAIRE ET SÉCURITÉ

Forces militaires et de sécurité

Forces du gouvernement de la République du Yémen (ROYG) :

– Ministère de la Défense : armée nationale yéménite, force aérienne et de défense aérienne, marine et forces de défense côtière, garde-frontière, forces de réserve stratégiques (incluant les forces spéciales et les brigades de protection présidentielle, relevant du ministère de la Défense mais responsables devant le président), forces des Comités populaires (alias Forces de résistance populaires ; milice tribale soutenue par le gouvernement).

– Ministère de l'Intérieur : forces de sécurité spéciales (paramilitaires ; autrefois connues sous le nom de Forces de sécurité centrale), Organisation de la sécurité politique (sécurité de l'État), Bureau de la sécurité nationale (renseignement), Unité de lutte contre le terrorisme.

– Forces soutenues par l'Arabie saoudite : brigades de sécurité frontalière paramilitaires/miliciennes basées principalement sur l'affiliation tribale ou régionale (déployées le long de la frontière entre l'Arabie saoudite et le Yémen).

– Forces soutenues par les Émirats arabes unis comprenant des milices tribales et régionales ainsi que des forces paramilitaires (concentrées dans les gouvernorats du sud) : forces du Conseil de transition du Sud (STC), y compris les forces de la Ceinture de sécurité, les Forces d'élite Shabwani et Hadrami, les forces de soutien et de réserve (alias Forces logistiques et de soutien), les forces de protection des installations et les forces antiterroristes ; forces républicaines ; forces conjointes.

– Forces houthies (alias Ansarallah) : forces terrestres, aérospatiales (aériennes, missiles), de défense navale/côtière, de protection présidentielle, d'opérations spéciales, de sécurité interne et forces auxiliaires de milice/tribales (2023).

Note 1. En vertu de l'Accord de Riyad de 2019, les forces du STC devaient être incorporées aux ministères de la Défense et de l'Intérieur du Yémen sous l'autorité du gouvernement Hadi.

Note 2. Une part considérable – jusqu'à 70 % selon certaines estimations – des forces militaires et de sécurité du Yémen ont fait défection en totalité ou en partie en faveur de l'ancien président Salah et de l'opposition houthie de 2011 à 2015.

Dépenses militaires

Avant le début de la guerre civile en 2014, les dépenses militaires annuelles représentaient environ 4 à 5 % du PIB du Yémen.

Points forts du personnel militaire et des services de sécurité

Informations limitées et très variées ; gouvernement du Yémen : jusqu'à 300 000 militaires, paramilitaires, miliciens et autres forces de sécurité estimés ; forces soutenues par les Émirats arabes unis et l'Arabie saoudite : environ 150 à 200 000 combattants de milices et de forces paramilitaires formés ; Houthis : jusqu'à 200 000 combattants estimés (2022).

Inventaires et acquisitions d'équipements militaires

L'inventaire des forces gouvernementales yéménites se compose principalement d'équipements russes et de l'époque soviétique, bien que la majeure partie ait été perdue dans le conflit actuel ; depuis le début de la guerre civile en 2014, il a reçu des quantités limitées d'équipement donné par certains États du Golfe, notamment l'Arabie saoudite et les Émirats arabes unis, ainsi que les États-Unis.

Les forces houthies sont principalement armées avec des armes saisies aux forces gouvernementales yéménites ; elles auraient également reçu des équipements militaires de l'Iran (2023).

Âge et obligation du service militaire

18 ans est l'âge minimum légal pour le service militaire volontaire ; la conscription a été abolie en 2001 ; obligation de service de 2 ans.

Note 1. Informations limitées depuis le début de la guerre civile en 2014.

Note 2. Jusqu'en 2022, toutes les parties au conflit en cours étaient impliquées dans le recrutement et l'utilisation d'enfants soldats ; au début de la trêve en avril 2022, les Houthis ont signé un plan avec l'ONU pour mettre fin au recrutement et à l'utilisation d'enfants soldats ; les dirigeants houthis se sont précédemment engagés à mettre fin à l'utilisation d'enfants soldats en 2012, tout comme le gouvernement du Yémen en 2014.

Remarque

Les forces gouvernementales placées sous le ministère de la Défense yéménite sont responsables de la défense territoriale, mais ont également des fonctions de sécurité intérieure ; leur principale priorité est de combattre les rebelles houthis et de protéger les frontières maritimes du Yémen, qui sont exposées à la contrebande de combattants, d'armes et d'autres soutiens matériels aux Houthis et aux groupes terroristes opérant au Yémen, tels qu'Al-Qaïda dans la péninsule arabique et l'État islamique d'Irak et du Levant au Yémen ; elles sont organisées en brigades blindées, de garde-frontières, d'infanterie, mécanisées, de protection présidentielle et de forces spéciales ; les brigades varient considérablement en taille, en structure et en capacités ; l'armée de l'air dispose de petits effectifs d'aéronefs principalement d'origine soviétique, tandis que la marine et la garde côtière disposent de quelques bateaux de patrouille.

En 2015, une coalition dirigée par l'Arabie saoudite de pays arabes (Émirats arabes unis, Qatar, Bahreïn, Maroc, Soudan, Koweït, Jordanie et Égypte) est intervenue militairement au Yémen en soutien au gouvernement de la République du Yémen contre les Houthis séparatistes ; les forces militaires saoudiennes ont mené des opérations au Yémen et ont constitué et équipé des forces de sécurité paramilitaires/miliciennes au Yémen principalement sur la base de l'affiliation tribale ou régionale pour les déployer le long de la frontière entre l'Arabie saoudite et le Yémen ; la participation des Émirats arabes unis en 2015 comprenait plusieurs milliers de soldats au sol, ainsi que des forces aériennes et navales de soutien ; les Émirats arabes unis ont retiré leur principale force militaire du Yémen en 2019, mais ont maintenu une présence militaire plus réduite tout en travaillant avec des mandataires dans le sud du Yémen, notamment le Conseil de transition du Sud (STC) ; les Émirats arabes unis ont recruté, formé et équipé des dizaines de milliers de combattants yéménites et les ont formés en dizaines d'unités de milice et de forces paramilitaires.

Les forces houthies (alias Ansarallah) sont organisées en brigades de combat, de protection présidentielle, de forces spéciales et de tribus/milices/forces paramilitaires indépendantes ; les

Houthis disposent également d'unités de drones et de missiles, ainsi que de forces navales (mines, missiles et quelques bateaux) ; l'Iran a fourni un soutien militaire et politique aux Houthis ; en janvier 2024, le gouvernement américain a classé les Houthis comme un groupe terroriste mondial spécialement désigné ; la désignation est intervenue après que les Houthis ont commencé à attaquer des navires marchands internationaux dans la mer Rouge et le golfe d'Aden, ainsi que des forces militaires positionnées dans la région pour défendre la sécurité et la sûreté de la navigation commerciale (2024).

TERRORISME

Groupes terroristes

Corps des gardiens de la Révolution islamique (CGRI)/Force Qods ; État islamique d'Irak et du Levant – Yémen ; Al-Qaïda dans la péninsule arabique (AQPA) ; Hezbollah.

QUESTIONS INTERNATIONALES

Litiges internationaux

Yémen-Oman. – Aucun identifié.

Yémen-Arabie saoudite. – En 2004, l'Arabie saoudite a renforcé sa barrière de sécurité remplie de béton le long de sections de la frontière entièrement démarquée avec le Yémen pour freiner les activités transfrontalières illégales, y compris les militants et les armes ; en 2013 et 2015, l'Arabie saoudite a de nouveau érigé des clôtures.

Réfugiés et déplacés internes

Réfugiés (pays d'origine) : 45 608 (Somalie), 17 812 (Éthiopie) (2023). Personnes déplacées à l'intérieur du pays : 4,523 millions (conflit dans le gouvernorat de Sa'ada ; affrontements entre Al-Qaïda dans la péninsule arabique et les forces gouvernementales) (2022).

QATAR

CONTEXTE HISTORIQUE

Dirigé par la famille Al Thani depuis le milieu du XIXe siècle, le Qatar s'est transformé au cours des soixante dernières années d'un protectorat britannique pauvre, principalement connu pour la pêche perlière, en un État indépendant disposant de revenus importants provenant des hydrocarbures. L'ancien émir Hamad bin Khalifa Al Thani, qui a renversé son père lors d'un coup d'État pacifique en 1995, a initié de vastes réformes politiques et médiatiques, des investissements économiques sans précédent et un rôle de leadership régional croissant du Qatar, en partie grâce à la création du réseau de télévision satellitaire panarabe Al-Jazeera et à la médiation du Qatar dans certains conflits régionaux. Dans les années 2000, le Qatar a résolu ses litiges frontaliers de longue date avec Bahreïn et l'Arabie saoudite et, en 2007, Doha avait atteint le revenu par habitant le plus élevé au monde. Le Qatar n'a pas connu d'agitation ou de violence intérieures comme celles observées dans d'autres pays du Moyen-Orient et d'Afrique du Nord en 2011, en partie en raison de sa richesse immense et de son réseau de patronage. Mi-2013, Hamad a pacifiquement abdiqué, transférant le pouvoir à son fils, l'actuel émir Tamim bin Hamad. Tamim est populaire auprès du public qatarien pour son rôle dans la conduite du pays à travers un embargo économique imposé par certains pays régionaux, pour ses efforts visant à améliorer les systèmes de santé et d'éducation du pays, et pour son expansion de l'infrastructure du pays en prévision de l'accueil par Doha d'événements sportifs internationaux. Le Qatar est devenu le premier pays du monde arabe à accueillir la Coupe du monde FIFA en 2022.

Suite à l'éruption des troubles régionaux en 2011, Doha s'est targué de son soutien à de nombreuses révolutions populaires, notamment en Libye et en Syrie. Cette position a nui aux relations du Qatar avec Bahreïn, l'Égypte, l'Arabie saoudite et les Émirats arabes unis (EAU), qui ont temporairement rappelé leurs ambassadeurs respectifs de Doha en mars 2014. Tamim a ensuite supervisé un réchauffement des relations du Qatar avec Bahreïn, l'Égypte, l'Arabie saoudite et les Émirats arabes unis en novembre 2014 suite à une médiation koweïtienne et à la signature de l'Accord de Riyad. Cette réconciliation, cependant, a été de courte durée. En juin 2017, Bahreïn, l'Égypte, l'Arabie saoudite et les Émirats arabes unis (le « Quartet ») ont rompu leurs liens diplomatiques et économiques avec le Qatar en réponse à des violations présumées de l'accord, entre autres plaintes. Ils ont rétabli leurs liens en janvier 2021 après avoir signé une déclaration lors du sommet du Conseil de coopération du Golfe à Al Ula, en Arabie saoudite. En 2022, les États-Unis ont désigné le Qatar comme un allié majeur hors OTAN.

GÉOGRAPHIE

Emplacement

Moyen-Orient, péninsule bordant le golfe Persique et l'Arabie saoudite.

Superficie

11 586 km^2. Terre : 11 586 km^2. Eau : 0 km^2.

Frontières terrestres

87 km. 1 pays frontalier : Arabie saoudite (87 km).

Littoral

563 kilomètres.

Revendications maritimes

Mer territoriale : 12 milles nautiques. Zone contiguë : 24 milles nautiques. Zone économique exclusive : déterminée par des accords bilatéraux ou la ligne médiane.

Climat

Aride ; hivers doux et agréables ; étés très chauds et humides.

Terrain

Principalement plat et désertique.

Altitude

Point culminant : Tuwayyir al Hamir, 103 m. Point le plus bas : golfe Persique, 0 m. Altitude moyenne : 28 m.

Ressources naturelles

Pétrole, poisson, gaz naturel.

Risques naturels

Brume, tempêtes de poussière, tempêtes de sable courantes.

Remarques géographiques

La péninsule occupe une position stratégique dans le centre du golfe Persique, près des principaux gisements de pétrole.

POPULATION ET SOCIÉTÉ

Population

2 532 104 (est. 2023).

Groupes ethniques

Non-Qatari 88,4 %, Qatari 11,6 % (est. 2015).

Langues

Arabe (officielle), l'anglais est couramment utilisé comme seconde langue.

Religions

Musulmans : 65,2 %. Chrétiens : 13,7 %. Hindous : 15,9 %. Bouddhistes : 3,8 %. Religion populaire < 0,1 %, juifs < 0,1 %, autres < 1 %, non affiliés < 1 % (est. 2020).

Âge moyen

Total : 34,2 ans. Hommes : 35,5 ans. Femmes : 28,1 ans.

Taux de croissance de la population

0,86 % (est. 2023).

Taux de natalité

9,3 naissances/1 000 habitants (est. 2023).

Taux de mortalité

1,4 décès/1 000 habitants (est. 2023).

Taux de migration nette

0,8 migrant/1 000 habitants (est. 2023).

Répartition de la population

La majeure partie de la population est regroupée dans ou autour de la capitale Doha, sur le côté est de la péninsule.

Urbanisation

Population urbaine : 99,4 % de la population totale (2023). Taux d'urbanisation annuel : 1,66 % (est. 2020-2025).

Grandes zones urbaines - population

Ar-Rayyan : 798 000 habitants. Doha (capitale) : 658 000 habitants (est. 2023).

Espérance de vie à la naissance

Population totale : 80 ans. Hommes : 77,9 ans. Femmes : 82,2 ans (est. 2023).

Taux de fécondité total

1,9 enfant né/femme (est. 2023).

Taux brut de reproduction

0,94 (est. 2023).

Dépenses de santé courantes

4,2 % du PIB (est. 2020).

Densité de médecins

2,49 médecins/1 000 habitants (2018).

Densité de lits d'hôpitaux

1,3 lit/1 000 habitants (2017).

Dépenses d'éducation

3,2 % du PIB (est. 2020).

Alphabétisation

Définition : les personnes âgées de 15 ans et plus savent lire et écrire. Population totale : 93,5. Hommes : 92,4. Femmes : 94,7 % (est. 2017).

ENVIRONNEMENT

Enjeux actuels

La pollution de l'air, des sols et de l'eau constitue des problèmes environnementaux significatifs ; dépendance croissante à l'égard de grandes installations de dessalement en raison de ressources naturelles en eau limitées ; d'autres problèmes incluent la conservation des réserves de pétrole et la préservation du patrimoine naturel faunique.

Accords internationaux

Adhésion à : Biodiversité, Changement climatique, Protocole de Kyoto sur le changement climatique, Interdiction complète des essais nucléaires, Désertification, Espèces en danger, Déchets dangereux, Droit de la mer, Protection de la couche d'ozone, Pollution par les navires.

Signé, mais non ratifié : aucun des accords sélectionnés.

GOUVERNEMENT

Nom du pays

Forme longue conventionnelle : État du Qatar. Forme courte conventionnelle : Qatar. Forme longue locale : Dawlat Qatar. Forme courte locale : Qatar.

Étymologie : l'origine du nom est incertaine, mais remonte à au moins 2 000 ans depuis l'utilisation du terme « Catharrei » pour décrire les habitants de la péninsule par Pline l'Ancien (Ier siècle apr. J.-C.), et une péninsule « Catara » est représentée sur une carte de Ptolémée (IIe siècle apr. J.-C.).

Note. La prononciation la plus proche de la prononciation native est « gat-tar » ou « cot-tar ».

Type de gouvernement

Monarchie absolue.

Capitale

Nom : Doha. Étymologie : dérive du terme arabe *dohat*, signifiant « rondeur », et fait référence aux petites baies arrondies le long du littoral de la région.

Indépendance

3 septembre 1971 (du Royaume-Uni).

Fête nationale

Jour national, 18 décembre (1878), anniversaire de l'accession de la famille Al Thani au trône ; Jour de l'indépendance, 3 septembre (1971).

Constitution

Historique : précédente de 1972 (provisoire) ; dernière rédigée le 2 juillet 2002, approuvée par référendum le 29 avril 2003, endossée le 8 juin 2004, entrée en vigueur le 9 juin 2005. Derniers amendements : proposés par l'émir ou par un tiers des membres du Conseil consultatif ; leur adoption nécessite un vote des deux tiers des membres du Conseil consultatif et l'approbation et la promulgation par l'émir ; les articles relatifs à la règle de l'État et à son héritage, aux fonctions de l'émir, et aux droits et libertés des citoyens ne peuvent être modifiés.

Système légal

Système légal mixte de droit civil et de droit islamique (charia) (en matière familiale et personnelle).

Participation à des organisations de droit international

N'a pas soumis de déclaration de compétence à la CIJ ; État non-partie au CPI.

Citoyenneté

Nationalité de naissance: non. Nationalité uniquement par filiation: le père doit être citoyen du Qatar. Double citoyenneté reconnue: non. Condition de résidence pour la naturalisation: 20 ans; 15 ans si national arabe.

Droit de vote

18 ans. Universel.

Exécutif

Chef d'État: Amir Tamim bin Hamad Al Thani (depuis le 25 juin 2013).

Chef du gouvernement: Premier ministre et ministre des Affaires étrangères Muhammad bin Abd al-Rahman Al Thani (depuis le 7 mars 2023); vice-Premier ministre et ministre d'État à la Défense Khalid bin Mohamed Al Attiyah (depuis le 14 novembre 2017).

Cabinet: Conseil des ministres nommé par l'émir.

Élections/nominations: la monarchie est héréditaire; le Premier ministre et le vice-Premier ministre sont nommés par l'émir.

Législatif

Description: Conseil consultatif unicaméral ou Majlis al-Shura (45 sièges; 30 membres élus directement au droit de vote populaire pour des mandats renouvelables de 4 ans; 15 membres nommés par le monarque pour servir jusqu'à leur démission ou leur remplacement).

Note. L'autorité de rédaction législative appartient au Conseil des ministres et est examinée par le Conseil consultatif.

Élections: première élection tenue pour 30 membres élus le 2 octobre 2021 (prochaines en 2025); date des membres nommés: 14 octobre 2021 (prochaines nominations: N.D.).

Judiciaire

Plus hautes juridictions: Cour suprême ou Cour de cassation (composée du président de la cour et de plusieurs juges); Cour suprême constitutionnelle (composée du président de la cour et de 6 membres).

Sélection des juges et durée du mandat: les juges de la Cour suprême sont nommés par le Conseil judiciaire suprême, un organe indépendant de 9 membres composé de chefs de la magistrature nommés par l'émir; les juges sont nommés pour des mandats de 3 ans renouvelables; les membres de la Cour suprême constitutionnelle sont nommés par le Conseil judiciaire suprême et nommés par le monarque; durée du mandat: N.D.

Tribunaux subordonnés: cours d'appel; cour administrative; tribunaux de première instance; tribunaux de la charia; cours de justice; Cour internationale du Qatar et Centre de règlement des différends, établi en 2009, fournit des services de règlement des différends pour les institutions et les organismes au Qatar, ainsi qu'à l'échelle internationale.

Partis politiques et dirigeants

Les partis politiques sont interdits.

Participation à des organisations internationales

ABEDA, AFESD, AMF, CAEU, CD, CICA (observateur), EITI (pays implémentant), FAO, G-77, CCG, AIEA, BIRD, OACI, CPI (comités nationaux), CIRM, IDA, BID, FIDA, SFI, FMI, OMI, IMSO, Interpol, CIO, OIM (observateur), UIP, ISO, ITSO, UIT, LAS, MIGA, MNA, OAPEC, OEA (observateur), OCI, OIF, OPCW, OPEP, CPA, ONU, CNUCED, UNESCO, UNHRC, ONUDI, FINUL, OMT, UPU, CMO, OMC.

ÉCONOMIE

Aperçu

Économie moyen-orientale à revenu élevé basée sur le pétrole et le gaz; meilleure intégration régionale après la résolution du terrorisme en 2021; investissements dans l'infrastructure dirigés vers le sport; leader dans la finance islamique; croissance de la main-d'œuvre basée sur la citoyenneté.

PIB réel (parité de pouvoir d'achat)

249,636 milliards de dollars (est. 2021).

Note. Les données sont en dollars de 2017.

Taux de croissance du PIB réel

1,59 % (est. 2021).

PIB réel par habitant

92 900 dollars (est. 2021).

Note. Les données sont en dollars de 2017.

PIB (taux de change officiel)

191,29 milliards de dollars (est. 2018).

Taux d'inflation (prix à la consommation)

2,3 % (est. 2021). -2,54 % (est. 2020).

Composition du PIB, par secteur d'origine

Agriculture : 0,2 % (est. 2017). Industrie : 50,3 % (est. 2017). Services : 49,5 % (est. 2017).

Composition du PIB, par utilisation finale

Consommation des ménages : 24,6 % (est. 2017). Consommation publique : 17 % (est. 2017). Investissement en capital fixe : 43,1 % (est. 2017). Investissement dans les stocks : 1,5 % (est. 2017). Exportations de biens et services : 51 % (est. 2017). Importations de biens et services : -37,3 % (est. 2017).

Production agricole

Tomates, dattes, lait de chameau, lait de mouton, lait de chèvre, citrouilles/courges, mouton, volailles, lait, aubergines.

Industries

Gaz naturel liquéfié, production et raffinage de pétrole brut, ammoniaque, engrais, pétrochimie, barres d'armature en acier, ciment, réparation commerciale de navires.

Taux de chômage

0,26 % (est. 2021).

Taux de chômage des jeunes (15-24 ans)

Total : 1,1 % (est. 2021). Hommes : 0,9 %. Femmes : 2,1 %.

Population vivant sous le seuil de pauvreté

N.D.

Coefficient de l'indice de Gini – répartition du revenu familial

41,1 (est. 2007).

Revenu ou consommation des ménages selon la part de pourcentage

10 % les plus bas : 1,3 %. 10 % les plus élevés : 35,9 % (2007).

Budget

Revenus : 65,922 milliards de dollars. Dépenses : 57,258 milliards de dollars (est. 2019).

Excédent (+) ou déficit (–) budgétaire

–5,8 % du PIB (est. 2017),

Dette publique

53,8 % du PIB (est. 2017).

Exportations

105,549 milliards de dollars (est. 2021).

Note. Les données sont en dollars de l'année en cours.

Exportations – partenaires

Chine : 13 %. Japon : 11 %. Inde : 11 %. Corée du Sud : 10 %. Singapour : 6 % (2021).

Exportations – produits de base

Gaz naturel, pétrole brut, pétrole raffiné, polymères d'éthylène, engrais (2021).

Importations

61,204 milliards de dollars (est. 2021).

Note. Les données sont en dollars de l'année en cours.

Importations – partenaires

Chine : 14 %. Émirats arabes unis : 8 %. États-Unis : 7 %. Royaume-Uni : 6 %. Inde : 6 % (est. 2021).

Importations – marchandises

Voitures, turbines à gaz, bijoux, équipements de diffusion, or (est. 2021).

Dette externe

167,8 milliards de dollars (est. 31 décembre 2017).

COMMUNICATIONS

Aperçu. Le Qatar a développé un secteur des télécommunications mature qui a été capable d'absorber les demandes supplémentaires de données qui lui ont été faites pendant la pandémie; les services mobiles basés sur la LTE sont universellement disponibles pour migrer vers la 5G; en combinaison avec un déploiement important de la fibre optique, le pays vise à fournir des services gigabit à l'échelle nationale; les services 5G reposent largement sur le spectre de 3,5 GHz mis à disposition à la suite d'une enchère au début de 2019 (2022).

MILITAIRE ET SÉCURITÉ

Forces militaires et de sécurité

Forces armées qatariennes (FAQ) : forces terrestres de l'Amiri du Qatar (FTAQ, comprend la Garde Emiri), marine Amiri du Qatar (MAQ, comprend les gardes-côte), force aérienne Amiri du Qatar (FAAQ).

Ministère de l'Intérieur: Direction générale de la sécurité publique, Direction générale de la sécurité des côtes et des frontières, Forces de sécurité intérieure (comprend la Gendarmerie mobile) (2024).

Note. La police nationale et les forces du ministère de l'Intérieur assurent la sécurité intérieure, y compris la prévention du terrorisme, des cyberattaques et de l'espionnage.

Dépenses militaires

5 % du PIB (est. 2022).

Inventaires et acquisitions d'équipements militaires

Les stocks de matériel militaire du Qatar comprennent un mélange varié de systèmes d'armes anciens et modernes, principalement en provenance des États-Unis et de l'Europe; dans les années 2010, le Qatar s'est lancé dans un vaste programme d'expansion et de modernisation militaires avec d'importants achats d'équipements aériens, terrestres et navals; ces dernières années, la France et les États-Unis ont été les principaux fournisseurs; d'autres grands fournisseurs ont inclus l'Allemagne, l'Italie et le Royaume-Uni (2023).

Âge et obligation du service militaire

Service militaire obligatoire pour les hommes de 18 à 35 ans introduit en 2013; la durée du service obligatoire varie de 4 à 12 mois, selon les circonstances éducatives et professionnelles; depuis 2018, les femmes sont autorisées à servir comme volontaires dans les forces armées, y compris en tant qu'officiers en uniforme et pilotes (2023).

Note 1. L'armée incorpore environ 2000 conscrits chaque année.
Note 2. Le Qatar recrute des soldats étrangers sous contrat pour pallier les limitations en matière de main-d'œuvre.

Remarque

La FAAQ est une force petite et bien équipée chargée de défendre contre les menaces externes; à la suite du déclin des relations avec le Bahreïn, l'Égypte, l'Arabie saoudite et les Émirats arabes unis au milieu des années 2010, le gouvernement qatarien a lancé un vaste programme d'acquisition et de modernisation d'armes pour accroître les capacités et le statut régional de la FAAQ; la force aérienne en a bénéficié le plus, passant d'un inventaire de 12 anciens avions de combat et de quelques avions d'entraînement de chasse en 2017 à un inventaire actuel d'environ 60 avions de combat multirôles modernes en provenance de France, du Royaume-Uni et des États-Unis; il est prévu qu'elle atteigne environ 100 de ces avions d'ici le milieu des années 2020; d'autres acquisitions d'aéronefs ont inclus des hélicoptères d'attaque américains; les forces terrestres ont rééquipé leur brigade blindée et des bataillons mécanisés et d'artillerie séparés avec des chars modernes, des véhicules blindés et de l'artillerie automotrice, principalement avec des achats en provenance d'Allemagne et de Turquie; pendant ce temps, la marine a reçu au cours de la même période quatre corvettes et quatre patrouilleurs hauturiers d'Italie et de Turquie.

Le Qatar abrite le quartier général régional du Commandement central des États-Unis (CENTCOM ; établi en 1983) et plusieurs milliers de forces militaires américaines dans diverses installations militaires, notamment la grande base aérienne d'Al Udeid ; il a le statut d'allié majeur non membre de l'OTAN avec les États-Unis, une désignation en vertu de la loi américaine qui offre à des partenaires étrangers certains avantages dans les domaines du commerce de défense et de la coopération en matière de sécurité ; le Qatar abrite également des forces militaires turques sur deux bases établies en 2014 et 2019 (2023).

QUESTIONS INTERNATIONALES

Litiges internationaux

Aucun identifié.

Réfugiés et déplacés internes

Apatrides : 1 200 (2022).

Reproduit et achevé d'imprimer
par Normandie Roto Impression s.a.s.
en avril 2024.
Numéro d'imprimeur : 2401835.

Imprimé en France.